MONEY HONNIE

Et si la finance sauvait le monde ?

★

Préface par Gordon Brown

Envoyé spécial des Nations Unies pour l'Education mondiale et ancien Premier ministre du Royaume-Uni.

BERTRAND BADRÉ

Déjà parus dans la collection *Sens*
aux éditions Débats Publics

*

Directeur de collection :
Patrick Poivre d'Arvor

Philippe Lentschener,
L'Odyssée du prix. Vie chère, low-cost, gratuité, une phénoménologie du prix, 2007.

Philippe Lemoine, *La Nouvelle Origine*, 2007.

Marie-Laure Sauty de Chalon,
Médias, votre public n'est pas dans la salle, 2007.

Martin Vial,
La Care Revolution. *L'Homme au cœur de la révolution mondiale des services*, 2008.

Martin Vial,
The Care Revolution: Man at Centre of the Global Service Revolution, 2008.

Véronique Langlois et Xavier Charpentier,
Les Nerfs solides. Paroles à vif de la France moyenne, 2009.

Robert Cantarella et Frédéric Fisbach,
L'Anti-Musée, 2009.

Matthias Leridon, *L'Afrique va bien*, 2010.

Jean-Pierre Wiedmer, *Enfin senior !*, 2010.

Jérôme Ballarin,
Travailler mieux pour vivre plus, 2010.

Jean-Loup Durousset,
Le privé peut-il guérir l'hôpital ?, 2010.

Louis Champion et Daniel Vervloet,
Tous allergiques ?, 2011.

Raymond Redding, *L'écrit fait de la résistance*, 2011.

François Davy, *Une société heureuse au travail*, 2011.

Jean-Louis Chaussade,
Le XXIe siècle, le siècle de l'eau ?, 2012.

Anne-Sophie Souhaité,
Les Engagés de la République, 2012.

Marcel Kahn,
Le Mutualisme, l'assurance d'une société plus humaine ?, 2013.

Jean-Pierre Wiedmer, *Tant qu'il y aura des seniors*, 2013.

Thierry Jadot, *L'Été numérique*, 2014.

Tarek S. Hosni, *Le Changement positif*, 2014.

Michel Mathieu, *Nouvelles banques*, 2014.

Bruno Mettling,
Entreprises : retrouver le temps pertinent, 2014.

Olivier Sibony, *Réapprendre à décider*, 2014.

Filippo Monteleone, *Patients, réveillez-vous !*, 2015.

David Gordon-Krief et Hubert Flichy,
Et si le droit n'existait pas ?, 2015.

Frédéric Vincent, *Rousseau PDG ?*, 2015.

Dominique Mockly, *L'Entreprise cerveau*, 2015.

André-Jacques Auberton-Hervé, *De l'audace !*, 2016.

Pierre Gattaz, *La France de tous les possibles*, 2016.

Nicolas Rousselet,
Humaniser l'économie de partage, 2016.

Michel Sapin et Wolfgang Schäuble,
Jamais sans l'Europe !, 2016.

Retrouvez-nous sur le site Internet
des éditions Débats Publics :
www.debatspublics.com

SOMMAIRE

DEUXIÈME PARTIE

Refonder la finance pour enchanter la mondialisation

À Michel Camdessus

PRÉFACE*

Few have done more to expose the challenges globalisation throws at us than Bertrand Badré. And few have come up with more positive proposals for how to manage globalisation in the interests of those who need our help most than he has done – first in his capacity as Chief Financial Officer of the World Bank and then as the innovative architect of the "From Billions to Trillions" proposals, which were agreed at the Addis Ababa Conference as a means of financing the Sustainable Development Goals. He now challenges us with his plan for managing international finance and as the author of this new book, which introduces us to new thinking about globalisation, he suggests how it can be made to work for the poorest of the world.

Dean Acheson spoke about his role as a US diplomat and later Secretary of State in evolving the new institutions of the post-1945 world and said it felt like being "present at the creation." Then the task was to create multilateral institutions for what was still a world of detached nation states. Now in a new generation – the post-millennium interdependent and interconnected world where we need global solutions to global problems – Badré and other leading economists are present at a new kind of 'creation',

* Traduction disponible sur le site internet des éditions Débats Publics, www.debatspublics.com

or at least a fresh attempt at the creation of a new more relevant global architecture for this still young century.

New thinking at the turn of the century influenced the introduction of the path-breaking Millennium Development Goals which were kicked off in 1999 when the then UN Secretary General, Kofi Annan, called for a "global compact of shared values." In a visionary speech, Annan argued that "the spread of markets [was outpacing] the ability of societies and political systems to adjust to them." His warning, that globalisation was fragile and "vulnerable to backlash from... protectionism, populism, nationalism, ethnic chauvinism, fanaticism and terrorism" as extremists exploited discontent, led him to propose new ways of dealing with poverty, malnutrition, disease, illiteracy and inequality[I].

And the process he initiated that was formally launched with the commitment to the MDGs in 2000 had to be rethought, adapted and streamlined in the wake of the global financial crisis of 2008, and as we came to understand the urgency of co-ordinating global efforts to deal with climate change. This evolution in the world's thinking is charted by Badré in his book.

Finance is, as he says, a good servant but a poor master and the global financial recession exposed the reality that while we had global banks and financial institutions, they were inadequately supervised by purely national regulatory systems. But the crisis asked even more profound questions:

I. Source : http://www.un.org/press/en/1999/19990201.sgsm6881.html

it challenged the then fashionable neo-liberal idea of self-adjusting financial markets and the fall out itself was so all-encompassing that it forced world leaders to agree the biggest rescue operation ever attempted.

To underpin the recovery of the world economy, one trillion dollars in grants, loans and trade support guarantees was made available, but as Badré suggests a lot more has to be done to turn what was a rescue operation into a more forward-looking and long-term exercise in repairing and reforming the world's financial system. Even after the welcome strengthening of the global Financial Stability Board no one can be sure that we have done enough to protect ourselves against the next financial crisis.

And in our journey from Copenhagen's failed climate change summit of December 2009 to the success recorded at Paris in December 2015, new thinking has had to be developed as part of a longer-term strategy to reduce global carbon emissions. Some of the results of these efforts are contained in the Sustainable Development Goals agreed unanimously by the United Nations in September 2015 after the Addis Ababa Conference in which Bertrand Badré played such a large part under the leadership of Ban Ki-moon, the Secretary General of the UN, and Jim Kim, the President of the World Bank.

The new SDGs now see economic growth, social justice and environmental sustainability not as antithetical to each other but as complimentary objectives. Never again will important international initiatives for a low carbon world and clean environment be ignored. But the question remains as to how in difficult financial times we can realise all three objectives and to what extent we can improve the multilateral co-ordination necessary to do so.

For although we all agree that the world is more interconnected and interdependent, our collective ability to tackle urgent issues has been weakened as a result of trade protectionism and cuts in international economic support and aid. As Georg Kell, the former head of the UN Global Compact, has recently argued, the case has again to be made for multilateralism. Perhaps in every generation we have to make anew the arguments for co-ordinated international action. But in no decade is the imperative as great as now and reinventing multilateralism is what Badré seeks to achieve in his set of essays: they set out to show there are better ways of mobilising finance for public good, so that instead of finance being a threat to the stability of the global economy, it can become the key that unlocks economic and social problems.

The new thinking which stresses the urgency of enhanced global co-operation is underpinned by Badré's analysis of what globalisation means and how it can be better managed. Globalisation can be described in many ways: some see it as economic phenomenon only; some as a cultural phenomenon – that we eat the same global foods, we watch the same global TV programmes, and so on; and others see it simply as a new phase in the evolution of capitalist economies and the development of markets.

If, however, we start by identifying the seismic shifts we have recently witnessed in the international economy, we can come closer to understanding the reason for the widespread discontent at the impact of globalisation and the challenges that those of us who believe in enhanced global co-operation have to surmount.

Of course we have seen a revolution in communications since the 1980s empowering us to connect instantaneously across borders but two other big changes have swept the world since the 1980s – the move from what were primarily national flows of capital to global flows, and from the national sourcing of goods and services to their global sourcing. These shifts have had a dramatic effect on the industrial and occupational structure of modern economies. Industrial change has reduced the share of mining and manufacturing in modern economies from the peak of 40% of all jobs reached at the height of the British industrial revolution. According to Professor Tyler Cowan: "In the United States the proportion of the work force engaged in manufacturing peaked at about 25-27% in the 1970s. In Sweden manufacturing employment peaked at about 33% of the work force in the mid-1960s, and for Germany manufacturing employment rose as high as 40% in the 1970s. South Korea managed a manufacturing share of employment of 28% in 1989."

But in emerging markets like Brazil and India, manufacturing has barely exceeded 15% of employment and writers like Dani Rodrik talk of "premature deindustrialisation."[II] The figures suggest that the old model

II. Source : https://www.gmu.edu/centers/publicchoice/faculty%20pages/Tyler/Manila.pdf

of modernisation through export-led manufacturing growth is becoming of less significant a route out of poverty for developing economies; fading questions about what kind of economic future lies ahead for today's low income countries.

Occupational change has been if anything more dramatic in its impact on working people, creating a polarised labour force, as many traditional skilled jobs from typists, secretaries, clerks, administrators, to draughtsman and boilermakers have declined in importance and the labour force has become divided between an elite of highly educated professionals who can command high salaries (at least for now) and a mass of unskilled and semi-skilled whose bargaining position is weak, whose job security is limited and for whose children opportunities appear to be poor.

This is not just the kind of problem that is unique to the advanced economies. In country after country, the gap between the promise of globalisation and people's day-to-day experiences of insecurity, joblessness and stalled living standards is so stark that we are almost certainly likely to see more Arab Springs, more Occupy movements and more 'take back control' protests.

What is the fall out? Globalisation creates the need for co-operation but also awakens in people the need to belong. For while the logic is economic integration, the emotional response is to demand that we 'bring control back home' – a slogan that has become commonplace in protectionist movements in many continents. Such reactions demand a political response. In recognition of both the importance of identity and the imperative of co-operation, nation states must strike the right balance between the national autonomy people desire and the sharing we need. It is indeed a balancing act: too much integration and people feel their culture and identity are at risk. Too little integration and their prosperity is at risk.

So the policy imperatives are two-fold: as a world economy to show we can manage globalisation well by co-ordinating polices where appropriate; and as individual nation states to get the balance right between autonomy and integration. To quote a recent article by the NYU academic Jonathan Haidt: "The great question for Western nations after 2016 may be this: how do we reap the gains of global co-operation in trade, culture, education, human rights, and environmental protection while respecting – rather than diluting or crushing – the world's many local, national, and other " 'identities, each with its own traditions and moral order? In what kind of world can globalists and nationalists live together in peace?"[III]

Across Europe and beyond countries are now having to respond to nationalist and protectionist pressures and show they have struck the right balance between autonomy and co-operation. Much has been written of how national government should help those who feel they have lost out from global change by the adoption of innovative training, employment and income support policies. Much less has

---

III. Source : http://www.the-american-interest.com/2016/07/10/when-and-why-nationalism-beats-globalism/

however been written about how we can finesse the international architecture. Here Badré's work can help as he shows us in his essays where and how global co-operation can be enhanced to best effect. It is not a choice between whether we have open and closed societies: we want open societies. The real choice is between those like Badré who want to lead, manage and tame what should always be an open global economy; and those who oppose all kinds of positive intervention – either because they favour a neo-liberal global free-for-all or are anti-globalisation protestors who shelter, insulate and protect themselves against change.

Badré's focus on how we can strengthen global co-operation through the repair and reform of the global financial system and how we can raise the funds necessary to finance the SDGs leads him to make innovative proposals. His work that started in the early 2000s with innovative initiatives in global health has now been extended to proposals for financing other public goods including infrastructure and global education. A further set of proposals revolve around a new role in infrastructure and other areas for public-private partnerships.

When Kofi Annan spoke of a global compact in 1999, he called on businesses, both on their own and together, to "embrace, support and enact a set of core values in the areas of human rights, labour standards, and environmental practices" and to "use these universal values as the cement binding together your global corporations, since they are values people all over the world will recognize as their own." He added: "unless those values are really seen to be taking hold, I fear we may find it increasingly difficult to make a persuasive case for the open global market." He might have referred not only to human rights, labour standards and environmental practices but also to how business approaches issues of democracy and the rule of law. But the importance of partnerships is that they transcend the often sterile and self-defeating battle for territory between public and private sectors and instead focus on how each side can work better together. Since then the UN Global Compact led in by Secretary General Ban Ki-moon and stewarded by Georg Kell – and organisations like the Global Business Coalition for Education – have expanded our ideas of what is possible. As Kell has put it: "A growing number of companies across all continents have started the journey of reconciling societal priorities with corporate missions, strategies and operations based on universal principals... in an era of transparency, the societal and environmental implications of investor behaviour can no longer be externalized. They must be accounted for and priced. Doing well and doing good can happen together."[IV]

How the public sector can aid private-public co-operation is explored in Badré's essays below, as it is through the work of Klaus Schwab at the World Economic Forum and in the new thinking on macroeconomic policy that has arisen from Larry Summers' contention that the world has to break free from what he calls "secular stagnation". Part of the new direction in policy has come through the creation of new investment institutions where

IV. Source : http://www.huffingtonpost.com/georg-kell/globalization-four-ways-t_b_11081332.html

China has been in the lead – the BRIC Bank, the Asian Infrastructure Investment Bank and the Silk Road Fund. The challenge now is to develop a more co-ordinated and collaborative approach and, in encouraging a wider debate about the future of the Bretton Woods Institutions, to investigate whether we can find a consensus on the new international architecture needed to cope in the years ahead as we face wave after crushing wave of global change. Right across the world in the immediate aftermath of 1945 there was an explosion of new thinking that led to new initiatives and new institutions: as this book shows, we need the same ferment and new thinking now.

Rt Hon Gordon Brown
United Nations Special Envoy for Global Education
and former Prime Minister of the United Kingdom

INTRODUCTION

Ai-je rêvé l'an 2000 ? Oui, sans doute, comme beaucoup. De mai 68, ma date de naissance, à l'aube du nouveau millénaire, l'imagination est restée au pouvoir... et comme beaucoup j'ai espéré qu'une certaine magie opérerait : mélange de technologie et d'humanité meilleure, avec un petit goût de « fin de l'Histoire », thème majeur de mes années étudiantes.

Et puis, à mesure que 2000 se rapprochait, l'entrée dans le troisième millénaire s'est épurée de sa dimension fantasmée pour devenir anticipation d'un grand bug informatique, adoption par l'Europe d'une monnaie unique, ou encore ambition d'une solidarité sans frontières entre les hommes. Le réel s'est peu à peu imposé à l'imagination, mais gardait de belles couleurs.

Quand l'heure fatidique est arrivée, les uns après les autres nous avons décompté les secondes qui nous en séparaient. Nous nous sommes embrassés, nous avons acclamé cette année espérée magique, à grand renfort de champagne et de feux d'artifice. Toute l'année les festivités se sont prolongées, connaissant leur acmé en septembre à New York, au siège des Nations unies, avec le plus grand rassemblement de chefs d'État et de gouvernement de tous les temps : le Sommet du Millénaire, où l'humanité s'est fixé d'enthousiasmants objectifs pour accélérer l'accès au développement.

En faisant le grand saut nous avons un peu tremblé aussi : le monde allait-il réellement *bugger* ? Mais, à part une panne du compteur de la tour Eiffel quelques minutes avant l'heure H, et quelques millions de PC un peu anciens revenus à 1980 et qu'il suffira de remettre à l'heure, nous avons survécu. L'humanité, avouons-le, fut presque un peu déçue !

Quinze ans après, le monde a tant changé ! Est-il si loin de ce que nous avions espéré ou anticipé ? Le film en tout cas n'a pas été exactement conforme à la bande-annonce de septembre 2000...

Qui eût cru en 2000 qu'un système financier qu'on croyait synonyme de prospérité, de paix, de progrès, allait mener le monde au bord du précipice ? Qui eût cru que l'Europe serait menacée de désintégration, pour échouer à s'entendre, entre autres, sur la résolution d'un drame humanitaire majeur ? Qui eût cru qu'un Kodak ferait faillite, que le World Trade Center s'effondrerait ? Qui eût cru que la Chine, si vite, ravirait aux États-Unis la place de première puissance économique mondiale ? Qui eût cru que ces mêmes puissances, au côté d'autres, sauraient un jour signer un accord universel sur le climat ? Qui eût cru, enfin, alors que l'euro annonçait un avenir radieux à notre continent, que 52 % des Britanniques choisiraient de renoncer à la construction européenne ?

C'est peu dire que les quinze années qui viennent de s'écouler ont été particulières. Nous sentons tous que de grandes ruptures s'y sont jouées et se jouent toujours, sans que nous sachions encore aujourd'hui où elles vont nous conduire, sur tous les plans : financier, économique, politique, géopolitique, environnemental, social, culturel.

La crise financière de 2007-2008 et la grave récession économique mondiale qui a suivi ont fait de la finance l'ennemi à abattre aux yeux des citoyens de la planète. Nombre des tensions actuelles qui traversent le monde, à commencer par les relents de populisme et de nationalisme, sont un écho de la grande désillusion qui a touché tous ceux qui croyaient, depuis 1944 et les accords de Bretton Woods, en un système financier porteur de développement économique et garant de la coopération internationale.

À l'échelle de la France, de l'Europe comme du monde, sous des formes diverses, on ressent chez les populations la peur tenace d'être embarquées ou dépassées par un mouvement qu'elles ne comprennent plus, qu'elles n'ont pour certaines jamais compris. Le sens du projet européen, le sens de la mondialisation n'ont jamais été aussi peu intelligibles, aussi peu incarnés par des leaders, alors même que se réveillent ou grandissent un peu partout sur le globe les crispations géopolitiques : coup de tonnerre du Brexit, tentative de putsch en Turquie, afflux de réfugiés aux portes de l'Europe, crises en Ukraine, au Sahel, en mer de Chine, dans les pays pétroliers, au Moyen-Orient, multiplication des attentats à travers le monde, de San Bernardino à Lahore en passant par Orlando, Copenhague, Bruxelles, Paris, Nice, Istanbul, Ankara, Beyrouth, Tunis, Sousse, Bamako, Ouagadougou, Bagdad, Sanaa..., bras de fer entre économies avancées et économies émergentes sur la politique monétaire, alors même qu'on réalise que la croissance économique globale pourrait être entrée dans une ère de stagnation durable, symbolisée par la montée inédite des taux d'intérêt négatifs dans nombre de pays avancés.

Le monde ne s'est pourtant jamais aussi bien porté ! L'humanité n'a jamais été aussi riche, elle n'a jamais autant produit, autant consommé, autant investi. Mais cette société d'abondance inouïe est loin d'être une société d'abondance partagée. Elle pourrait l'être de moins en moins, au regard des risques qui se font jour autour de la gestion du *big data* et de l'ubérisation économique. Sans parler de la menace climatique et de l'accélération de la fréquence des pandémies, dans un monde qui n'a jamais été aussi connecté... Ce chemin pris par la mondialisation fait peur. Il paraît d'autant plus vertigineux à des pays comme la France qui ont pensé, voire façonné les mondialisations précédentes, et dont la population tremble à l'idée du déclassement.

Face aux incertitudes multiples, l'humanité connaît une crise de confiance sans précédent.

Et pourtant, elle n'a jamais eu autant besoin d'avoir confiance – en l'avenir, dans les autres, en elle-même – pour relever les défis cruciaux qu'elle n'a plus le choix d'ignorer : éradiquer la pauvreté, préserver la paix et le climat, organiser une nouvelle civilisation numérique, lutter contre les pandémies nécessitent plus que jamais de travailler ensemble, avec volontarisme et courage, plutôt que de se replier sur soi. L'Europe serait tellement plus forte, plus efficace, plus inventive, si elle se remettait à jouer collectif ! La France réussirait tellement mieux à penser l'universel si elle le faisait depuis la vigie européenne !

Ce serait une faute historique de baisser aujourd'hui les bras. L'année 2015 a prouvé que l'humanité pouvait encore avoir des sursauts de confiance et d'audace : les trois conférences internationales qui se sont succédé à Addis-Abeba, New York et Paris ont permis tout au long de l'année de s'accorder sur des feuilles de route décisives pour les quinze ans à venir, sur le financement du développement, le développement durable et la lutte contre le réchauffement climatique.

Prenons ces déclarations de principe au sérieux : elles démontrent que l'humanité a envie, envers et contre tout, que l'unité l'emporte sur la dispersion. Que l'espoir en l'avenir continue de nous porter, par-delà le cynisme et le fatalisme auxquels nous nous sommes habitués.

Ne soyons pas pour autant naïfs – ne surestimons pas ces engagements, ne prenons pas non plus les gens pour des idiots, en faisant de l'espoir un hochet pour les populations : ces ambitions nécessaires et immenses ne deviendront réalité que si l'on sait mobiliser toutes les forces centripètes face aux innombrables forces centrifuges qui se déploient parfois brutalement. Les belles promesses ne seront concrétisées que si nous parvenons à rassembler les énergies, d'un État à l'autre mais aussi au sein des États, que si l'on parvient à faire coopérer entre eux les acteurs publics, privés et la société civile comme autant de « triathlètes[1] »

1. Selon la belle expression popularisée par McKinsey.

engagés dans une même course, que si l'on parvient à faire dialoguer entre elles les institutions internationales pluri- et multilatérales, les différentes économies avancées, émergentes et en développement, que si l'on sait recréer du lien au sein de l'Europe entre le Nord et le Sud, l'Est et l'Ouest, les pays continentaux et ceux du Grand Large.

J'ai la conviction qu'une telle mobilisation est possible, au regard de tous les sommets, les projets, les rencontres, les groupes de travail auxquels j'ai eu la chance de participer ces quinze dernières années.

* *
*

Il se trouve que, d'un côté comme de l'autre de l'Atlantique, j'ai été témoin privilégié, et souvent acteur, d'une partie des grandes mutations du monde depuis 2000, des plus enthousiasmantes aux plus dramatiques.

J'ai participé à la traduction de certains objectifs du Millénaire pour le développement (OMD). J'étais banquier d'affaires chez Lazard, à New York, au moment de l'explosion de la bulle Internet. J'ai vécu depuis mes fenêtres les attentats du 11 Septembre. J'ai travaillé à Paris aux côtés de Michel Camdessus, ancien directeur général du Fonds monétaire international (FMI) de 1987 à 2000, et de Jacques Chirac, alors président de la République française, à deux des grandes innovations financières pour le développement des dernières décennies. Avec la crise financière de 2007-2008, j'ai vécu l'effondrement de tout un système de l'intérieur, depuis la direction du Crédit agricole puis de la Société générale. À la Banque mondiale, j'ai été impliqué à des degrés divers, depuis Washington, dans les trois sommets internationaux qui feront peut-être de 2015 une année historique, au regard des décisions prises au nom de l'humanité.

Rien ne me destinait à vivre des expériences aussi exceptionnelles, dans des circonstances qui, chaque fois, dépassaient ma simple personne. Seul le hasard des rencontres et des affectations m'y a conduit – j'aime à dire, en plaisantant, que c'est mon côté « Forrest Gump » !... J'avais toujours cru, à la fin de mes études, que j'effectuerais toute ma carrière dans la même administration – le ministère des Finances – ou la même entreprise. Mais la vie en a décidé autrement.

Ma rencontre avec Michel Camdessus, dont j'étais le trésorier au sein des Semaines sociales de France[2], s'est révélée décisive, en me permettant de travailler à plusieurs reprises sur les problématiques liées au développement. Financier, et donc supposé spécialiste de la liquidité internationale, la coïncidence a voulu que je m'intéresse avec lui à la question de l'eau après le Sommet du Millénaire en 2000, jusqu'en 2003 à la présidence de la République, dans le cadre de la préparation du sommet du G8 à Évian. Moi qui ne connaissais absolument rien au sujet[3], je me suis retrouvé à réfléchir sur le financement des infrastructures

2. Créées en 1904 par deux laïcs catholiques, dans l'élan de la publication de *Rerum Novarum*, l'encyclique de Léon XIII considérée comme fondatrice de la doctrine sociale moderne de l'Église, les Semaines sociales de France (SSF) sont un observatoire de la vie sociale et un *think tank* parmi les plus anciens de France. Elles ont été présidées par Michel Camdessus de 2000 à 2007, qui avait succédé à Jean Boissonnat.
3. C'est mon père, pas moi, qui est ingénieur des Eaux et Forêts !

de l'eau et à coécrire un ouvrage sur la question[4]... Dans la foulée, j'ai été rapporteur général du groupe de travail sur les financements internationaux innovants contre la pauvreté. Puis j'ai collaboré à la rédaction d'un rapport sur l'idée d'une nouvelle croissance pour l'économie française[5].

Pris dans la gestion quotidienne de la crise financière, je ne pensais pas que j'aurais à me replonger dans des réflexions de cet ordre lorsque, en 2012, on m'a proposé de rejoindre la Banque mondiale comme directeur général, avec un large mandat financier. J'ai immédiatement saisi cette opportunité d'être en ligne avec les convictions que j'avais forgées au fil des expériences : de profiter de l'un des plus beaux laboratoires financiers du monde pour tenter d'innover au service du bien commun, de montrer que la finance pouvait aussi positivement contribuer à la marche du monde et ne pouvait être réduite à cette force de destruction si brutalement déployée à partir de 2007.

Avec le recul, je mesure combien ces expériences apparemment sans lien, presque décousues, font finalement sens. Elles m'ont offert une vision relativement complète du système financier international. À travers les secteurs public comme privé, aux niveaux national comme international, j'ai pu le jauger successivement sous des perspectives diverses : fonctionnaire au ministère des Finances, banquier d'affaires à Wall Street et à la City, régulé en

4. Michel Camdessus, Bertrand Badré, Ivan Chéret, Pierre-Frédéric Ténière-Buchot, *Eau*, Robert Laffont, septembre 2004.

5. Michel Camdessus, *Le Sursaut. Vers une nouvelle croissance pour la France*, rapport du ministère de l'Économie, des Finances et de l'Industrie, La Documentation française, octobre 2004.

tant que banquier commercial puis régulateur et dirigeant d'une banque multilatérale de développement. Ces points de vue multiples m'ont permis de prendre conscience des limites du système, mais aussi du potentiel de réinvention qu'il recelait.

Passer par la Banque mondiale a constitué à cet égard une occasion de synthèse unique. Au-delà de l'innovation financière, j'ai pu y observer de près le système de la gouvernance internationale, les frustrations multiples qu'il engendre, mais aussi sa profonde utilité. Aussi imparfait qu'indispensable ! J'ai pu y découvrir un monde exceptionnellement divers où les élites se ressemblent et diffèrent, où une langue commune recouvre tant de singularités, d'expériences de vie.

Les nombreux voyages professionnels que j'ai pu effectuer ont également nourri cette vision. Des Îles Salomon à chacun des BRICS[6], je suis allé à la rencontre de près de cent pays, des plus riches comme des plus pauvres. J'ai eu la chance de dialoguer avec les individus les plus humbles comme les plus célèbres, les plus charismatiques comme les plus discrets.

De ces expériences précieuses, des sujets multiples qu'elles m'ont amené à considérer, j'ai tiré un certain nombre d'enseignements qu'il me paraît utile aujourd'hui de partager, à l'heure cruciale où la mondialisation et l'humanité sont à la croisée des chemins.

---

6. Brésil, Russie, Inde, Chine, Afrique du Sud.

* *
*

Si j'ai acquis une conviction, c'est que la mobilisation de toutes les énergies est vitale pour faire face aux forces de dispersion qui menacent aujourd'hui le monde. Cette mobilisation est possible, j'ai pu l'éprouver un certain nombre de fois. Je sais aussi d'expérience qu'elle est loin d'être acquise. Il est tellement plus aisé de jouer l'opposition de principe, de camper sur ses intérêts et ses positions !

La seule manière de faire travailler ensemble les humains est de leur proposer une vision claire de l'avenir. De leur tendre une boussole, avec un leadership fort et légitime pour la tenir en main. De mettre aussi à leur disposition les moyens concrets de coopérer.

Or j'ai la conviction que la finance, parmi d'autres outils, peut offrir un levier de choix.

Par « finance », j'entends l'outil financier tel qu'il est utilisé par les acteurs de l'écosystème financier international (banques, investisseurs, fonds de pension, institutions, épargnants...). J'ai bien dit : l'*outil*. Loin des fantasmes auxquels elle a donné libre cours ces dernières années, la finance n'est bien que cela : un instrument fabriqué par l'homme pour lui rendre service, l'aider à survivre et à agir dans son environnement. En l'occurrence, l'outil financier est d'abord et avant tout un mécanisme de mobilisation et d'allocation des ressources au service de l'économie.

La catastrophe financière de 2007-2008 ne doit pas nous induire en erreur : la finance n'est pas l'ennemie, pour la simple raison qu'elle n'est pas bonne ou mauvaise en soi. Elle n'est jamais qu'une force mécanique, aveugle, qui, mal utilisée ou livrée à elle-même, peut tourner au pire – ce fut le cercle infernal des *subprimes* –, et, bien utilisée, maintenue à sa place, peut donner le meilleur – une prospérité partagée par tous, tout en préservant la planète. N'oublions pas le vieil adage proverbial : « L'argent est mauvais maître, mais bon serviteur. » Selon les motivations des acteurs, le même outil bien ou mal utilisé peut être créateur ou destructeur de valeur. De même que la finance a mené le monde au bord de la ruine, elle a aussi présidé à l'enrichissement de milliards d'individus. Elle reste un outil merveilleux qui permet de se projeter et de préparer l'avenir en gérant le risque, l'espace et le temps, qui permet de partager et de mettre en commun, qui permet d'associer les hommes et de construire ensemble.

Money honnie... Et s'il était temps de retenter une lune de miel ? De renouer avec l'esprit qui a présidé à son invention ? Et s'il était temps de réenchanter la finance ?

Pas en refaisant du vieux avec du neuf, ou « un peu plus du même »... Non, en la refondant sur des bases pérennes, en la réinventant pour aller plus loin et fournir des réponses aussi concrètes qu'efficaces aux problématiques du monde actuel, à commencer par celles du développement. Je suis convaincu que si nous reconstruisons le système financier, en multipliant les « vraies » innovations que permet cet outil extraordinairement inventif, dès lors, évidemment, qu'il n'est pas dévoyé, nous pouvons accéder à une mondialisation heureuse, et faire advenir le meilleur pour l'humanité.

Loin de moi de tenter, avec ce livre, l'énième coup d'essai du banquier reconverti qui chercherait à taire les vérités dures à entendre, en sortant du chapeau ses outils financiers comme autant de tours de magie. Non! Pour avoir passé trois ans au sein d'un des plus beaux laboratoires financiers du monde, pour avoir eu la chance, avant cela, de participer à des projets de financement à grande échelle aussi généreux qu'ingénieux, j'ai acquis la certitude que l'innovation financière peut accomplir de grandes choses au service du bien commun, et que sur ce terrain les institutions multilatérales ont un rôle clé à jouer: grâce à leur *rating* solide, grâce à la qualité de leurs ressources humaines et de par leur mission. Mais certainement pas seules!

Avant tout autre acteur, les régulateurs ont un rôle crucial à jouer pour trouver, en adoptant une approche holistique, et non parcellaire et fragmentée, un juste encadrement à un système qui se limite de moins en moins au seul système bancaire. Les acteurs financiers, à commencer par les investisseurs institutionnels, ont un rôle historique à assumer en orientant leurs ressources vers des projets durables. Les multinationales commencent pour certaines à participer elles-mêmes au mouvement, répondant aux préoccupations croissantes de leurs clients aujourd'hui et de leurs actionnaires demain. Dans cette nouvelle coalition financière que j'appelle de mes vœux, les organisations internationales, forums et institutions de développement joueront un rôle clé de catalyseur. La société civile, enfin, a la responsabilité de peser sur cette dynamique, de l'entretenir et de la pousser. Par ces efforts conjoints, démultipliés par et autour de l'outil financier, nous pouvons changer la donne, nous pouvons opérer cette révolution qui fera que nous regarderons demain 2015 comme une année qui aura été historique.

La finance a fait un temps partie du problème, je suis convaincu qu'elle est aujourd'hui une partie de la solution. Concrétiser les hautes ambitions de 2015 en faveur du développement et du climat est à notre portée. Notre responsabilité à tous, public, privé comme société civile, est d'abord de le reconnaître – il serait trop facile de prétendre qu'à l'impossible, nul n'est tenu –, ensuite, de nous retrousser les manches en faisant *tous ensemble* le meilleur assemblage possible du puzzle dont les pièces se tiennent là devant nous, à notre disposition.

Alors l'espoir pourrait bien devenir une option crédible. Alors le monde pourrait être détourné de la trajectoire de fragmentation qu'il est en train de prendre, au profit d'une trajectoire positive de cohésion et de progrès. Alors les objectifs du développement durable pourraient être un jour réellement atteints.

Le pire ou le meilleur est devant nous, l'histoire n'est pas écrite. Puisse ce témoignage informé et concret aider les décideurs du monde à écrire « la bonne histoire ».

Rappelons-nous le mot magnifique de Saint-Exupéry : « L'avenir, tu n'as point à le prévoir mais à le permettre[7]. »

---

7. Antoine de Saint-Exupéry, *Citadelle*, 1948. Jeune stagiaire de l'ENA, j'avais mentionné cette citation dans mon premier discours public à Ampuis, dans le Rhône, sous les vignes de Côte-Rôtie...

Force est de reconnaître que les prédictions euphoriques précédant la crise ont failli. C'est la fameuse question de la reine d'Angleterre aux économistes en 2008 : « *Why did nobody notice it ?* » Il est temps maintenant de permettre cet avenir. Il est encore temps. Il est grand temps.

1

Retour sur quinze années peu ordinaires

CHAPITRE I

2000, grand espoir I : le Sommet du Millénaire et la suite

Autant dans nos esprits l'an 1000 rimait avec la peur, autant l'an 2000 a constitué un grand moment d'espoir pour l'humanité, d'autant plus d'ailleurs que la dernière décennie du XXe siècle avait été chahutée : chute du mur de Berlin puis de l'Empire soviétique, première guerre du Golfe, débat en France autour de la mondialisation, « heureuse » pour Alain Minc et « horreur économique » pour Viviane Forrester, sentiment d'une décennie perdue pour le développement face à une prétendue « fatigue » de l'aide publique et de la mobilisation des pays du globe, quand bien même ils se seraient à peine mis en mouvement...

L'entrée symbolique dans un nouveau millénaire représentait l'occasion historique de remettre les compteurs à zéro.

2000 : le sommet de l'Espoir

Les 189 États membres des Nations unies se saisirent de ce *momentum*, de cet élan, pour réaffirmer leur conviction que la paix durable et la sécurité internationales ne sont possibles que sur la base du bien-être économique et social assuré pour tous. Ils souhaitaient ainsi définir et engager une stratégie nouvelle de coopération, adaptée aux réalités et aux besoins changeants du monde du XXIe siècle.

Le 5 septembre 2000 s'ouvrit ainsi à New York la plus grande rencontre des chefs d'État et de gouvernement jamais tenue sur la planète. Guidé par le principe selon lequel l'être humain doit être placé au cœur de tous les programmes, dans le but de bâtir une mondialisation sans laissés-pour-compte, le Sommet du Millénaire se conclut par l'adoption à l'unanimité d'une déclaration solennelle. Huit objectifs pour un développement équitable et durable, largement pensés et promus par Kofi Annan, le secrétaire général de l'ONU de l'époque, y étaient énoncés, qu'il s'agissait d'atteindre dans un délai de quinze ans.

La Déclaration du Millénaire constitua un point de bascule, au sens où, pour la première fois de son histoire, l'humanité se donnait des objectifs communs et mesurables, très différents en substance des déclarations auxquelles nous étions habitués. La résolution reprenait en un seul texte tous les objectifs fixés à l'occasion des multiples conférences internationales qui avaient jalonné la dernière décennie du siècle précédent. « Initiative fort utile, notait en 2004 notre groupe de travail sur l'eau, car il y a fort à parier que la plupart [des chefs d'État du monde] ne les avaient plus en mémoire. Il s'agit des devoirs de l'ensemble des pays du monde – Nord et Sud réunis – à l'égard de la communauté humaine. Ils devraient être enseignés dans toutes nos écoles et affichés dans nos mairies[8]. »

8. *Eau*, *op. cit.*, p. 109.

Au-delà des grands principes, les objectifs du Millénaire pour le développement (OMD) avaient aussi l'intérêt d'être concrets : constitutifs d'un plan d'action global, décomposés en 20 cibles quantifiables, elles-mêmes mesurées par 60 indicateurs statistiques, ils offraient des points de repère précis, chiffrés, pour la lutte contre l'extrême pauvreté dans ses multiples dimensions. En principe, tous les pays devaient refléter ces priorités dans leurs budgets nationaux, puisqu'il y allait « du respect d'objectifs fondamentaux de la famille humaine tout entière[9] » (voir encadré ci-après).

Deux ans avant la conférence des Nations unies à Monterrey en 2002 – qui a introduit, avec le partenariat, un nouveau concept majeur dans l'approche du financement du développement –, les objectifs du Millénaire se révélaient encore très centrés sur l'action publique, l'influence publique, les moyens publics. La coopération n'était pas encore pensée comme réellement multidimensionnelle, étendue aux entreprises, aux institutions financières et à la société civile, mais restait cantonnée aux relations d'État à État, même si, de-ci de-là, l'idée de partenariat gagnait en visibilité. Ainsi, le financement du développement se focalisait sur les transferts financiers des pays du Nord vers les pays du Sud, selon le principe de solidarité réaffirmé par les Nations unies : des transferts bilatéraux d'argent public, complétés par l'annulation d'une partie de la dette des pays aidés.

9. *Ibid.*, p. 112.

Les objectifs du Millénaire pour le développement (OMD)

1. Éliminer l'extrême pauvreté et la faim
a. Réduire de moitié, entre 1990 et 2015, la proportion de la population dont le revenu est inférieur à un dollar par jour
b. Assurer le plein-emploi et la possibilité pour chacun, y compris les femmes et les jeunes, de trouver un travail décent et productif
c. Réduire de moitié, entre 1990 et 2015, la proportion de la population qui souffre de la faim

2. Assurer l'éducation primaire pour tous
a. D'ici à 2015, donner à tous les enfants, garçons et filles, partout dans le monde, les moyens de terminer un cycle complet d'études primaires

3. Promouvoir l'égalité des sexes et l'autonomisation des femmes
a. Éliminer les disparités entre les sexes dans l'enseignement primaire et secondaire d'ici à 2005 si possible, et à tous les niveaux de l'enseignement en 2015 au plus tard

4. Réduire la mortalité infantile
a. Réduire de deux tiers, entre 1990 et 2015, le taux de mortalité des enfants de moins de 5 ans

5. Améliorer la santé maternelle
a. Réduire de trois quarts, entre 1990 et 2015, le taux de mortalité maternelle

6. Combattre le VIH/sida, le paludisme et d'autres maladies
a. D'ici à 2015, avoir enrayé et commencé à inverser la propagation du VIH/sida
b. Maîtriser le paludisme et d'autres grandes maladies et commencer à inverser la tendance actuelle

7. Assurer un environnement durable
a. Intégrer les principes du développement durable dans les politiques et programmes nationaux et inverser la tendance à la déperdition des ressources environnementales
b. Réduire la perte de biodiversité et atteindre, d'ici à 2010, une diminution significative du taux de perte
c. Réduire de moitié, d'ici à 2015, le pourcentage de la population qui n'a pas accès de façon durable à un approvisionnement en eau potable
d. Améliorer sensiblement, d'ici à 2020, les conditions de vie d'au moins 100 millions d'habitants de taudis

8. Mettre en place un partenariat mondial pour le développement
a. Poursuivre la mise en place d'un système commercial et financier ouvert, réglementé, prévisible et non discriminatoire
b. Répondre aux besoins particuliers des pays les moins avancés (PMA)
c. Répondre aux besoins particuliers des pays en développement sans littoral et des petits États insulaires en développement

d. Traiter globalement le problème de la dette des pays en développement
e. En coopération avec les pays en développement, créer des emplois décents et productifs pour les jeunes
f. En coopération avec l'industrie pharmaceutique, rendre les médicaments essentiels disponibles et abordables pour les pays en développement
g. En coopération avec le secteur privé, faire en sorte que les avantages des nouvelles technologies, en particulier des technologies de l'information et de la communication, soient accordés à tous

Cette mobilisation publique au service du bien commun ne semblait pas devoir être remise en cause, alors que le contexte économique mondial était des plus favorables : on était encore à l'époque de la « grande modération », comme l'ont appelée par la suite les économistes, une croissance globale sans heurt, soutenue par un système financier international qui passait pour très efficace, au regard de la richesse qu'il permettait de créer et de redistribuer. Le défi de la réalisation des OMD se concevait donc avant tout comme un défi d'augmentation des contributions des États et des institutions internationales à l'aide publique au développement (APD)[10]. Toute la

10. « L'aide publique au développement comprend tous les transferts financiers pour lesquels, conformément à la définition du Comité d'aide au développement (CAD) de l'OCDE, l'"élément-don" représente au moins 25 % du montant. Il s'agit donc de ce qu'on appelle les aides. Elles sont composées, pour la plupart, de transferts d'État à État : il s'agit alors d'aides bilatérales. Une part plus réduite mais néanmoins importante vient de l'APD multilatérale, issue de la Banque mondiale, du FMI, des fonds à des conditions privilégiées tenus par les banques

question était de savoir si l'humanité allait y arriver, et, pour cela, c'est bien le rôle du secteur public qui était au centre des interrogations.

Quinze ans après, les objectifs du Millénaire ont-ils été atteints ?

Il est évident que nous aurions pu faire mieux, mais commençons par reconnaître que l'humanité, qui s'était unie en 2000 dans un élan extraordinaire, a consenti ces quinze dernières années des efforts sans précédent pour atteindre les objectifs qu'elle s'était solennellement fixés. En l'espace d'une génération, les pays développés ont accru leur APD de 66 %, la faisant passer de 81 à 135 milliards de dollars[11]. Les ratios du service de la dette ont été ramenés à un quart de leur niveau de 2000, allégeant ainsi d'autant la charge financière des pays en développement[12].

Ces progrès historiques, qui sont imputables à un ensemble de facteurs dont, au premier rang, la croissance

---

de développement régionales, les différents fonds d'aide de l'Union européenne, et de plusieurs agences des Nations unies, dont le Programme des Nations unies pour le développement (PNUD), l'UNICEF, l'OMS, le FAO, etc. Les agences de développement multilatérales évoquées ci-dessus accordent également d'importants prêts à des taux proches de ceux du marché. Bien qu'il ne s'agisse pas d'APD au sens où l'entend le CAD, ces prêts sont proposés à des conditions plus intéressantes que celles des banques commerciales et des autres prêteurs. Il existe aussi des agences bilatérales ayant pour objet l'aide au développement mais qui fonctionnent d'une manière plus commerciale, offrent des participations au capital, des garanties et/ou des prêts à des taux proches du marché (par exemple : la KfW allemande, l'AFD française, la CDC anglaise ou la JBIC japonaise. Elles présentent ainsi beaucoup de points communs avec les institutions financières multilatérales. » (*Eau*, p. 228-229.)

11. http://www.un.org/fr/millenniumgoals/reports/2015/pdf/rapport_2015.pdf
12. http://www.un.org/fr/sg/beyond2015_report.pdf

économique, ont permis que de nombreux problèmes de développement soient en passe aujourd'hui d'être surmontés. En particulier, la réduction de la pauvreté la plus rapide de l'histoire de l'humanité a été observée entre 2000 et 2013 : le nombre de personnes vivant en dessous du seuil de pauvreté international[13] a diminué de 500 millions[14]. Dès 2008, à mi-parcours, des avancées réelles étaient constatées sur la généralisation du traitement contre le sida, les gains de productivité agricole, la hausse des taux de scolarisation, ou encore l'amélioration de l'accès aux services d'approvisionnement en eau et en assainissement[15]. Dès 2010, le monde est parvenu à réduire de moitié la proportion des personnes n'ayant pas accès à une eau potable améliorée. En 2012, l'ONU a pu affirmer que sa cible de réduction de la pauvreté serait atteinte au niveau mondial avant 2015. Quelque 200 millions d'habitants de taudis avaient déjà vu alors leurs conditions de vie améliorées, dépassant même la cible. L'année 2012 est aussi celle où le monde a atteint la parité entre filles et garçons dans l'éducation primaire[16].

De grands défis n'en restent pas moins à relever, à commencer par les fortes disparités entre pays et, au sein de chaque pays, entre les diverses couches de la population : quand les changements ont été massifs en Chine, les progrès se sont en revanche révélés particulièrement inégaux en Afrique, dans les pays les moins avancés, les pays

13. Fixé à 1,25 dollar par jour en 2005, actualisé en 2015 par la Banque mondiale à 1,90 dollar.
14. http://www.un.org/fr/sg/beyond2015_report.pdf
15. http://www.un.org/fr/millenniumgoals/bkgd.shtml
16. http://www.un.org/fr/millenniumgoals/background.shtml

en développement sans littoral ainsi que les petits États insulaires en développement. Certains des OMD n'ont pas non plus été atteints, à l'instar de l'amélioration de la santé maternelle, néonatale et infantile, ou de l'éradication de la faim. En 2013, une personne sur huit continuait de se coucher le ventre vide[17]. Malgré les efforts consentis, l'APD n'a jamais atteint le niveau identifié comme cible il y a près de quarante ans, soit 0,7 % du PNB de chaque pays développé.

Les grandes mutations du monde ont bousculé les plans des hommes

Il faut dire que les quinze années qui ont suivi l'avènement du nouveau millénaire ne se sont pas tout à fait déroulées comme prévu. Non seulement le monde s'est extrêmement complexifié, mais il a basculé. Vers quoi ? Nous ne le savons pas encore. Mais les mutations qui l'ont touché sont multiples et profondes, et n'ont pas fini de le transformer.

Premier bouleversement majeur, la carte économique mondiale a été entièrement refondue. Quand j'ai déménagé de Paris à Washington en 2013, en préparant les caisses, je suis retombé sur un carton de cours que j'avais suivis en prépa HEC : j'ai été amusé de voir qu'en 1985-1986, on nous parlait encore de planification soviétique, des réformes de Staline et Brejnev ; ces sujets nous paraissent si lunaires aujourd'hui ! À l'époque, seuls les « quatre dragons asiatiques » (Corée du Sud, Hong

17. http://www.un.org/fr/millenniumgoals/pdf/mdg_report2013_goal1.pdf

Kong, Singapour et Taïwan), à côté du Japon, étaient considérés par les Occidentaux : la Chine semblait n'aller nulle part, l'Inde passait pour une cause perdue et la plaisanterie qui courait, au sujet du Brésil, était que c'était un pays « à potentiel »... destiné à le rester ! Les pays du G7 dominaient le monde et l'Union européenne triomphait. Que de chemin parcouru depuis trente ans, et même depuis 2000, quand l'acronyme de BRIC[18] – devenu BRICS en 2011 après l'association de l'Afrique du Sud – n'existait pas encore ! Le concept a beau être contesté aujourd'hui, on ne saurait nier l'impressionnante émergence de puissances économiques concurrentes des grandes puissances traditionnelles. Qui eût cru en 2000 que la Chine accéderait, devant les États-Unis, au premier rang économique mondial[19] ? Qui eût cru que la France devrait se contenter d'une amère 9e place derrière les deux géants économiques suivis par l'Inde, le Japon, la Russie, l'Allemagne, le Brésil et même l'Indonésie[20] ? Et qui eût cru que l'Inde, ce continent prétendu « de damnés », présenterait dès 2012 un PIB si important que, cumulé avec celui de la Chine, il serait pressenti pour rapidement dépasser celui de l'ensemble des économies du G7[21] ? Cette transformation de la carte économique du monde, sous l'effet de la montée en puissance des économies émergentes, a potentiellement une incidence majeure sur le financement du développement.

---

18. L'économiste Jim O'Neill a défini le terme pour Goldman Sachs en 2001.
19. Selon le PIB ajusté en fonction de la parité de pouvoir d'achat (PPA).
20. Banque mondiale, Gross domestic Product 2014, PPP.
21. http://www.oecd.org/fr/eco/perspectives/horizon2060.htm

Deuxième changement structurant pour l'humanité, qui s'avère étroitement lié au premier – qui l'oriente même fondamentalement, alors qu'on tend souvent à le sous-estimer : le bouleversement des grands équilibres démographiques mondiaux. Nous sommes aujourd'hui un milliard de plus qu'en 2000, soit sept milliards d'habitants sur terre ; un milliard supplémentaire est prévu à l'horizon 2030. Or cette explosion démographique n'a rien d'homogène : certains pays deviennent vieux, d'autres de plus en plus jeunes ; certains décroissent déjà quand d'autres explosent… Ces mouvements croisés sont en train de redéfinir les rapports de force économiques mondiaux. Qui dit vieillissement de la population dit en effet moins d'actifs, plus de dépenses de santé grevant d'autant le PIB, moins d'innovation et donc moins de croissance pour une nation – voire une armée moins fournie aussi, symptomatique pour certains d'un affaiblissement de la sphère d'influence.

De ce point de vue, les vieux pays industrialisés tels que l'Europe ou le Japon, et peut-être demain les États-Unis, s'ils construisent des murs plutôt que de continuer à miser sur l'immigration, connaissent un déclin démographique accéléré et risquent d'être progressivement mis sur la touche au profit des pays à la population plus jeune comme l'Indonésie, le Brésil, le Mexique ou la Turquie – et, à plus long terme, les pays d'Afrique subsaharienne, en plein boom démographique (le continent dans son ensemble abritera en 2050 le quart de la population mondiale[22]). Le cas intermédiaire de la Chine est également intéressant : la

22. Étude bisannuelle de l'Institut français d'études démographiques (Ined), octobre 2013.

puissance émergente pourrait bien être vieille avant d'être riche, au vu de la diminution engagée depuis deux ans du nombre de ses actifs[23] – conséquence de 35 ans de politique de l'enfant unique à laquelle le géant vient de mettre fin officiellement ; conséquence aussi d'un modèle fermé à l'immigration, qui l'empêche de renouveler sa population comme le font les États-Unis et, dans une moindre mesure, l'Europe. Aura-t-elle le temps d'inverser la tendance ? Rien n'est moins sûr. Reste par ailleurs à transformer le « poids » démographique des pays du monde émergent en « dividende » démographique – en d'autres termes, parvenir à rassembler davantage d'adultes en âge de travailler que d'enfants à charge et de personnes âgées –, afin d'accompagner leur croissance économique. Une chose est certaine cependant : en l'espace d'une génération, ces lames de fond irrésistibles ont déjà fortement remis en cause les hiérarchies mondiales.

Autre conséquence de l'explosion démographique, qui en soi est une autre mutation fondamentale des quinze dernières années : l'urbanisation galopante et l'émergence de mégapoles, qui redessinent les espaces de souveraineté au sein des États et même au-delà. « Qui connaît cette ville ? » : c'est la question posée par quatre directeurs du McKinsey Global Institute[24] en évoquant le cas de Kumasi, ville millionnaire du Ghana dont personne n'avait jamais entendu parler jusque-là. Comme elle, les cités de plus d'un

23. Si la Chine compte aujourd'hui 5 travailleurs pour 1 retraité, en 2040, ce très favorable ratio pourrait retomber à 1,6, voire 1 (cf. Howard W. French, « China's Twilight Years », *Dispatches*, June 2016).
24. Richard Dobbs, James Manyika, Jonathan Woetzel, *No Ordinary Disruption: The Four Global Forces Breaking All the Trends*, PublicAffairs, mai 2015.

million d'habitants poussent comme des champignons dans les régions émergentes du monde, à une vitesse telle que nous n'avons plus même le temps d'en apprendre le nom. À elle seule, la Chine compte aujourd'hui 40 villes de plus de 2 millions d'habitants, dont Luoyang[25]. L'Afrique abrite déjà plus de 50 villes millionnaires. Si plus de la moitié de l'humanité vit désormais en ville, une partie croissante se concentre dans ces métropoles inconnues qui commencent à concurrencer les États. Les auteurs de McKinsey postulent ainsi que d'ici 2025, une ville régionale unique en Chine – Tianjin – aura un PIB égal à celui de la Suède, et que dans les décennies à venir, la moitié de la croissance économique mondiale proviendra de 440 villes, dont Kumasi ou encore Santa Catarina au Brésil. Cet essor de ce qu'on appelle, en jargon international, le « sous-souverain », a une importance majeure au regard de l'architecture des puissances régionales et mondiales : une importance non seulement économique et politique, mais aussi culturelle. Comme a pu le constater mon épouse en découvrant, à deux heures de voiture de Shanghai, l'immense université flambant neuve où elle devait s'exprimer, partenaire de Duke University, le monde ne tourne plus seulement autour de la Sorbonne, d'Oxford ou d'Harvard...

L'autre grand enjeu de l'urbanisation est celui du développement durable des villes, de leur capacité à accompagner l'explosion démographique avec la réalisation d'infrastructures adéquates, et à lutter contre les inégalités. La concentration humaine exige modernisation et

25. Une de ses capitales historiques que j'ai eu la chance de visiter, située sur le fleuve Jaune et forte de près de 7 millions d'habitants.

rationalisation, autrement dit des investissements considérables que toutes les municipalités ne sont pas capables de réaliser – quand déjà elles savent par où commencer. J'ai eu une conversation fort intéressante, émouvante même, à ce propos avec le maire de Kaboul, qui compte aujourd'hui – au risque d'en étonner plus d'un – 7 millions d'habitants et 1 million de voitures (contre 600 000 habitants et quelques dizaines de voitures en 2002, lorsque les Américains sont entrés en Afghanistan) : comment absorber ces flux quand il n'existe pratiquement aucune voie goudronnée, que l'accès à l'eau et à l'électricité est défaillant et que la sécurité n'est pas assurée ? quelle priorité fixer ? J'ai également été très impressionné par ma découverte de Djakarta, vitrine d'une Indonésie aux performances macroéconomiques époustouflantes mais traversée par une inégalité massive : le contraste était saisissant entre les bidonvilles les plus épouvantables visités le matin, et l'immense concessionnaire Maserati qui arborait son luxe quelques heures plus tard dans le centre-ville, à côté d'une boutique Bell & Ross[26]... Face à cette nouvelle donne, le 7e OMD a été passablement ébranlé : bien que la cible 7.d (« améliorer sensiblement, d'ici à 2020, les conditions de vie d'au moins 100 millions d'habitants de taudis ») ait été atteinte, force est de constater que l'urbanisation progresse plus vite que l'amélioration des conditions des taudis[27].

La situation est d'autant plus complexe que, ces dernières années, les inégalités ont été creusées par une crise

---

26. L'expérience fut d'autant plus troublante que cette marque de montres de luxe a été créée par l'un de mes anciens camarades d'HEC !
27. http://www.un.org/fr/millenniumgoals/pdf/mdg_report2013_goal1.pdf

financière et économique majeure dont personne, en 2000, ne pouvait imaginer l'ampleur. Nous reviendrons largement sur cette rupture[28]. Rappelons simplement ici que la crise de 2007-2008 s'est révélée la plus importante depuis celle de 1929, qui avait précipité l'humanité dans l'une de ses périodes les plus noires. De fait, nous nous sommes fait extrêmement peur en passant tout près de l'effondrement du système financier mondial. Si celui-ci a finalement tenu, les cartes ont été rebattues : d'un système d'endettement dominé par les banques, le monde est passé à un système dominé par les investisseurs. C'est un changement majeur, au regard de ses implications en termes de financement des économies, de financement du développement, de politique monétaire, de techniques d'investissements... La crise a également engendré un système qui paraît défier le bon sens, où plus du tiers de la dette publique mondiale est aujourd'hui contracté à taux d'intérêt négatif ; un système également où les banques « centrales » n'ont jamais aussi bien porté leur nom. Sans compter toutes les conséquences économiques de la phase financière de la crise, qui a ouvert un long cycle de récession mondiale et mis à mal nombre d'objectifs fixés en 2000 en faveur du développement. Sur l'ensemble du globe, le déficit d'emplois, par exemple, s'est creusé de 67 millions de personnes entre 2007-2008 et 2013[29], touchant particulièrement les jeunes. La croissance de l'aide publique au développement (APD) a été durablement affectée, diminution qui pénalise en premier lieu les pays les plus fragiles.

---

28. Voir chapitre II.
29. http://www.un.org/fr/millenniumgoals/pdf/mdg_report2013_goal1.pdf

Cette réalité recouvre une autre mutation décisive, bien plus positive à mes yeux, des dernières années : la reconnaissance non de la « fin de l'Histoire », mais du rôle du secteur privé et de l'économie de marché dans le développement. C'est probablement le changement le plus important et le moins visible depuis l'an 2000. Alors que l'approche des OMD reposait principalement sur la croissance de l'APD, en quinze ans, celle-ci s'est relativement réduite par rapport à d'autres sources de financement telles que les investissements directs à l'étranger, les transferts de fonds et, plus largement, les flux d'investissement privés Nord-Sud. On assiste à un vrai mouvement de bascule : il suffit de comparer les quelque 135 milliards de dollars que l'APD est parvenue à atteindre, bon an, mal an en 2015 (soit environ la moitié des niveaux attendus) aux 435 milliards de dollars de transferts de fonds effectués en 2014 par les migrants. Aussi impressionnant soit leur montant, en augmentation chaque année, ces transferts sont fragiles : les migrants venus de Géorgie, du Kazakhstan ou d'Asie centrale pour travailler dans le secteur du pétrole en Russie perdent aujourd'hui leur emploi et ne sont plus en mesure d'envoyer de l'argent dans leur pays d'origine. Ces sujets doivent être surveillés d'autant plus étroitement que certains pays sont devenus très dépendants de telles sources de financement : les remises de fonds des migrants représentent 42 % du PIB du Tadjikistan, 32 % pour la République kirghize, 29 % pour le Népal ou encore 25 % pour la Moldavie[30]. Un tel renversement oblige à reconsidérer la situation : quel rôle désormais pour l'APD ? comment utiliser au mieux ces

30. Données Banque mondiale.

dollars rares et précieux ? comment être plus efficace ? comment doter les transferts publics d'un effet catalyseur ?

Répondre à ces questions est d'autant plus nécessaire qu'on reconnaît aujourd'hui que le secteur privé (grandes entreprises et PME réunies), loin de représenter le « Mal », est le moteur de la croissance. La Banque mondiale estime que 600 millions d'emplois devraient être créés dans les quinze prochaines années, soit plus de 3 millions chaque mois, pour accompagner la croissance démographique ; plus personne ne croit que ces emplois seront des postes de fonctionnaires ! Tous mes voyages en Afrique ont corroboré ce constat : le premier problème des chefs d'État subsahariens, qui voient affluer chaque année des centaines de milliers, voire des millions de jeunes sur leur marché du travail, est de savoir comment ils vont créer autant d'emplois. La question est d'autant plus cruciale dans des pays qui, comme la Côte d'Ivoire, sortent d'une décennie de guerre civile et ont dû gérer la reconversion de milliers d'enfants soldats : quand la Banque mondiale met en place un programme de formation pour en faire des maçons, des charpentiers, des coiffeurs, etc., il faut que ces emplois tiennent, qu'ils s'intègrent à une réalité économique, sinon c'est condamner ces jeunes à reprendre les armes. Il est intéressant de noter qu'une des clés pour avancer est l'accent mis sur un climat favorable aux investissements, une bonne gouvernance et un environnement propice aux affaires[31].

31. Une nouvelle donne pour le développement que met notamment en lumière le succès – prêtant parfois à controverse – du rapport *Doing Business* publié chaque année par la Banque mondiale.

N'oublions pas, enfin, parmi les grandes transformations du monde depuis 2000, l'accélération de la révolution numérique, avec tous les espoirs et les inquiétudes dont elle est porteuse. Quand nous sommes entrés dans le troisième millénaire, obnubilés que nous étions par la crainte d'un bug informatique planétaire, nous spéculions encore sur ce qu'allait pouvoir devenir Internet, au-delà du gadget. Quinze ans après, nombre d'entreprises ne sont plus là pour témoigner du réveil douloureux : à l'image de Kodak, elles ont été rayées de la carte pour n'avoir pas su s'adapter à un monde nouveau. Un monde où n'importe quel smartphone a une puissance de feu cent fois supérieure à celle de la NASA en 1969, lorsqu'elle envoya l'homme sur la Lune... Tant de choses ont changé en l'espace d'une génération, tandis que grandissait ce « nouvel humain » si joliment nommé Petite Poucette par Michel Serres[32] : nos enfants ou petits-enfants, les *digital natives*, n'ont « plus le même corps, la même espérance de vie, ne communique[nt] plus de la même façon, ne perçoi[vent] plus le même monde, ne vi[vent] plus dans la même nature, n'habit[ent] plus le même espace » ; avec eux, « la langue a changé, le labeur a muté »[33]... Et le nombre d'abonnements de téléphone portable est passé de moins d'un milliard à plus de six en quelques années[34] !

Cette révolution suscite de nombreux espoirs, que nous n'aurions, pour certains, pas osé formuler il y a quinze ans : l'expansion de l'informatique et des communications, en favorisant l'accès à la connaissance et l'interdépendance

32. Michel Serres, *Petite Poucette*, Le Pommier, « Manifestes », 2012.
33. *Ibid.*, p. 15-16.
34. http://www.un.org/fr/sg/beyond2015_report.pdf

mondiale des activités, a le potentiel d'accélérer les progrès de l'humanité, de réduire les inégalités et de donner naissance à des sociétés du savoir. Elle stimule de façon prodigieuse l'innovation scientifique et technologique, dans des domaines aussi différents que la médecine, l'énergie, l'automobile ou l'agriculture : c'est peut-être grâce au digital que nous allons enfin résoudre la question de la faim dans le monde, parce qu'on sait désormais, de manière chaque jour plus minutieuse, traiter les terres avec les bons engrais, arroser aux bons endroits, récolter au bon moment, etc., au moyen d'outils intelligents. L'humanité n'a jamais interagi aussi facilement, aussi rapidement, elle n'a jamais autant eu le choix.

Et en même temps, nous sommes entrés dans une ère où les entreprises sont terrorisées à l'idée de se faire « ubériser » par les Google, Facebook, Amazon, Airbnb et, bien sûr, autres Uber : par ces « entreprises exponentielles » (ExO), pour reprendre le concept de Salim Ismail[35], qui ont su convertir en avantage compétitif l'information disponible et l'effet de réseau pour créer un modèle « disruptif », à l'impact dix fois supérieur à celui des organisations fondées sur l'ancien modèle linéaire. Ces mêmes entreprises ont su, mieux que personne, tirer parti du déplacement de l'économie mondiale d'un paradigme du changement induit par la politique à un paradigme du changement apporté par la souveraineté du consommateur – autre conséquence de la révolution numérique qu'il est aujourd'hui essentiel de prendre

35. Salim Ismail, *Exponential Organizations: Why new organizations are ten times better, faster, and cheaper than yours (and what to do about it)*, Diversion Books, 2014.

en compte, en matière de financement comme en matière de gouvernance, les deux étant liés indissociablement.

L'émergence de nouvelles préoccupations mondiales, ainsi que de nouvelles questions allant au-delà des biens publics mondiaux traditionnels, nous force également à considérer le monde d'un autre œil. Citons en particulier les problématiques du climat ou de la fragilité liée à la multiplication des flux de réfugiés. Si en 2000, à l'endroit du changement climatique, le doute était encore permis, la question fait aujourd'hui largement consensus, de même que son lien étroit avec le développement. Nous savons que les personnes vivant dans la pauvreté sont et seront les premières et les plus durement touchées par le réchauffement du climat. La nécessité de traiter cette question à un niveau mondial et non national, ni même régional, s'est enfin imposée. De façon similaire, la question des réfugiés touche la communauté internationale dans son ensemble, et ne saurait se résoudre par la construction d'un mur entre deux pays, sauf à faire preuve de la démagogie la plus éhontée.

Toutes ces questions affectent le modèle financier qui a perduré jusque-là. Il y a quinze ans, jamais je n'aurais vécu comme dirigeant de la Banque mondiale l'expérience inoubliable qui m'a été offerte en 2014, en déplacement à Dakar à l'occasion de la Journée de la femme. À l'issue d'un dîner avec une assemblée de cinquante femmes de diverses professions (journalistes, avocates, ministres...), un film nous avait été projeté où témoignaient des Sénégalaises, dont deux jeunes filles qui, mimant des niveaux d'échelle, disaient espérer arriver un jour presque à l'égal de l'homme ; et j'avais ainsi réagi : « C'est effrayant d'en être encore là ; je rêve d'un monde où c'est la femme, grimpant les barreaux de l'échelle, qui tirera l'homme vers le haut ! La mixité est une richesse inestimable – et cela vaut dans les deux sens : je n'imagine pas un monde uniforme, uniquement composé de femmes ou uniquement composé d'hommes... » Or cela n'était pas même un sujet au début du XXIe siècle. Depuis, une approche de la finance *via* le prisme du genre s'est même progressivement diffusée[36].

Je ne voudrais pas conclure cet inventaire non exhaustif des quinze années peu ordinaires qui viennent de s'écouler sans mentionner une dernière nouveauté : les attentes se sont multipliées et sont devenues de plus en plus exigeantes sur le sujet de la « gouvernance ». En 2000, le mot n'existait pas ou très peu ; on parlait surtout de « gouvernement ». L'émergence du concept reflète une approche radicalement nouvelle de la gestion de la mondialisation. Car « la gouvernance est un mode de gestion et non pas un système de gouvernement, soulignait notre collectif de réflexion sur l'eau en 2004. La gouvernance est un triangle où se côtoient les pouvoirs publics, les intérêts privés (industriels, agricoles, commerciaux), la société civile associative des consommateurs et des usagers. La taille du triangle est plus ou moins grande, variant de l'échelle locale, par exemple municipale, à l'échelle centrale nationale, voire à la dimension internationale. [...] cela signifie que [... les] pouvoirs publics sont désinvestis du rôle de représentant unique de l'intérêt général. Ils [...] ne représentent plus que les intérêts de l'État, son budget

36. Voir chapitre VIII.

et ses fonctions régaliennes[37]. » En d'autres termes, en l'espace d'une génération, on est passé d'un monde encore très « westphalien », pour reprendre le mot d'Henry Kissinger, dominé par la puissance de l'État, à un monde beaucoup plus compliqué où le secteur privé et la société civile participent aux décisions : à un monde où l'on pouvait se mettre d'accord entre nations sur des objectifs communs, à un monde beaucoup moins contrôlable où il faut repenser totalement le cadre des discussions, en cherchant l'efficacité sans nuire à la légitimité. Nous verrons que cela est tout sauf évident, que « westphalien » et gouvernance mondiale cohabitent parfois douloureusement et sont au cœur de bien des tensions[38].

Et maintenant ?

En 2015, le délai de réalisation des objectifs du Millénaire a expiré. En dépit de progrès remarquables, les maux de la planète sont loin d'avoir été éradiqués. De nouveaux maux sont apparus comme autant de menaces. Les incertitudes n'ont jamais été aussi grandes sur le devenir de la mondialisation.

Notre monde a beau avoir été radicalement transformé depuis 2000, nous ne devons pas pour autant renoncer à une humanité meilleure. Nos perspectives ont certes été bousculées, mais cela ne signifie pas qu'il faille les abandonner. Ainsi que les dirigeants mondiaux en sont convenus à Rio en 2012, de nouveaux objectifs communs sont appelés

---

37. *Eau*, *op. cit.*, p. 154.
38. Voir chapitres IX et X.

à fixer pour la période 2015-2030 les grandes lignes de la coopération internationale. Il ne s'agit de rien de moins que de donner une boussole à la mondialisation, un compas. Avec une priorité inchangée : éliminer l'extrême pauvreté de la surface du globe. L'évolution naturelle ne nous fait pas atteindre naturellement la cible, mais les moyens sont là, comme la volonté. Le rêve, pour moi, est comparable à celui de Kennedy indiquant l'« objectif Lune » en 1960 : c'était impossible ; ils l'ont fait.

Cela dit, nous ne saurions ignorer les bouleversements récents du monde et les nouvelles attentes qui émergent. Il paraît inconcevable de repartir du logiciel de 2000 pour planifier l'engagement planétaire des quinze prochaines années en faveur du développement. Le groupe de réflexion des Nations unies n'a pas manqué d'insister sur ce point : « pour réaliser notre vision de la promotion d'un développement durable, nous devons aller au-delà des OMD, qui ne se sont pas suffisamment appliqués à cibler les personnes les plus pauvres ou victimes d'exclusion. Ils sont restés silencieux sur les effets dévastateurs des conflits et de la violence sur le développement. Des facteurs importants du développement, tels qu'une bonne gouvernance et des institutions qui garantissent l'état de droit, la liberté d'expression ainsi qu'un gouvernement transparent et responsable, n'ont pas été inclus, pas plus que le besoin d'un mode de croissance inclusif favorisant la création d'emplois. Mais le plus grand échec des OMD réside dans le fait qu'ils ont omis d'intégrer les aspects économiques, sociaux et environnementaux du développement durable tel que l'envisage la Déclaration du Millénaire, et qu'ils n'ont pas pris en compte la nécessité de promouvoir des modèles de consommation et de production durables. De ce fait, l'environnement et le développement n'ont jamais été correctement traités en même temps. Chacun travaillait dur – mais souvent séparément – sur des problèmes interconnectés[39]. »

Comment réengager l'humanité sur un plan d'action viable, alors que le vieux est encore là mais que le neuf n'a pas émergé ? Comment nous donner les moyens d'atteindre nos objectifs, comment les financer en premier lieu, alors que nous dépendons encore d'un système de coopération internationale largement hérité du XXe siècle et qui a montré ses limites, qui est même passé tout près de l'effondrement, sans parvenir à se réinventer ? Comment éviter que dans la transition ce système se disloque, sans avoir laissé le temps à un nouveau système d'advenir ?

Will the center hold ? La crise du *subprime* lui a porté un rude coup.

---

39. http://www.un.org/fr/sg/beyond2015_report.pdf

CHAPITRE II

Grande peur I : la crise financière de 2007-2008

Il y aura clairement un avant et un après *subprimes* dans l'histoire de l'économie moderne. Le monde a connu à partir de 2007-2008 sa crise financière la plus profonde depuis la guerre, et même depuis les années 1930. Nous n'en sommes pas encore sortis. Comment un système que les financiers pensaient si solide a-t-il pu à ce point s'écrouler ? La tour de Babel était si belle !... pourquoi donc n'a-t-elle pas continué de s'élever ? Les enseignements à tirer de cette profonde crise sont multiples, et gagnent à être sérieusement médités si l'on veut replacer le monde et notre économie sur une trajectoire qui fasse sens.

Les vices cachés d'un système trop bien huilé

Tout avait bien commencé à l'été 1944, avec la signature des accords de Bretton Woods aux États-Unis. L'urgence est alors de reconstruire le monde occidental après la guerre terrible qui l'a déchiré, en assurant une stabilité financière qui permettrait de faciliter le commerce international. Les leçons des années 1930 sont tirées : les grandes économies avancées s'accordent sur un système de change fixe, organisé autour de l'étalon-or et du dollar américain, seule monnaie convertible en or, les banques centrales ayant pour mission de maintenir une parité fixe entre les monnaies nationales et cette monnaie pivot. Le taux de change est toutefois ajustable en cas de besoin, sous l'œil vigilant de la communauté internationale. Dans un contexte de forte croissance économique, et parce qu'il est réglementé (avec une limitation des flux de capitaux entre les pays ainsi que des restrictions sur le crédit intérieur, pour éviter la spéculation internationale et l'endettement domestique), le système fonctionne relativement bien dans les années 1950-1960.

La dégradation de la balance des paiements courants américaine, à la fin des années 1960, du fait notamment de la guerre du Vietnam qu'il s'agissait de financer, sonne le glas de cette mécanique bien réglée. Les réserves d'or américaines étant chargées de cautionner tout le système, leur diminution entame la confiance des partenaires : on se rappelle peut-être qu'à cette époque, de Gaulle affichait sa volonté d'échanger ses dollars en or et commençait à passer à l'acte... Face au danger de voir l'intégralité du stock d'or des États-Unis s'envoler vers les grands pays exportateurs, Nixon décide en 1971 de suspendre la convertibilité du dollar en or. Cette décision marque un tournant dans les relations financières internationales : d'un système de change fixe, on passe à un système de change flexible, entériné « officiellement » en 1976 par les accords de la Jamaïque qui reconnaissent le flottement généralisé des monnaies. L'obligation faite aux banques centrales d'intervenir pour stabiliser les taux de change, et donc de disposer de réserves de change suffisantes, est alors annulée.

L'élection de Margaret Thatcher en 1979, au Royaume-Uni, puis de Ronald Reagan en 1980, aux États-Unis, enterre un peu plus encore le système de Bretton Woods, en initiant une vaste révolution libérale. Les contrôles sur les flux de capitaux transfrontaliers sont levés dans les économies avancées mais aussi dans un nombre croissant de pays émergents, conférant aux grandes banques commerciales internationales un rôle de plus en plus important. Dans le même temps, une large majorité de pays renoncent à leurs restrictions sur le crédit intérieur, ouvrant sur une augmentation débridée du financement à crédit de l'immobilier. L'endettement s'envole et les flux financiers deviennent des multiples de plus en plus élevés des flux dits « réels ».

Cette libéralisation des marchés financiers dans les années 1980-1990 fait entrer le monde dans une ère de déréglementation et d'endettement massif. Dans le contexte de libre concurrence, les marchés financiers s'interconnectent chaque jour un peu plus et deviennent, pour reprendre la formule d'Adair Turner dans un récent ouvrage passionnant, « des marchés comme les autres », de même que le crédit devient « un produit comme un autre »[40], qu'il s'agit de fournir au meilleur prix et en quantité optimale. La dette particulière ne finance plus l'investissement en capital nouveau mais l'achat d'actifs déjà existants, surtout immobiliers.

La mécanique a ses vertus. Pendant ces trente années de révolution libérale et de développement de la finance

40. Adair Turner, *Between Debt and the Devil: Money, Credit, and Fixing Global Finance*, Princeton University Press, 2015, p. 93.

internationale, la pauvreté s'est réduite dans le monde de la manière la plus exceptionnelle depuis que l'homme est homme : 50 % de la population humaine vivait en situation d'extrême pauvreté en 1980, contre 10 % environ aujourd'hui ; c'est cette même dynamique qui permet à l'ONU d'affirmer, sans plus prêter à sourire, qu'éliminer ce fléau de la surface du globe à l'horizon 2030 est à notre portée. La finance a permis d'essaimer le bien-être, d'allouer les ressources de manière optimale, à travers de bons arbitrages, de créer de la croissance sans inflation.

Mais, dans le même temps, les économies occidentales se sont profondément endettées : l'humanité a vécu à crédit – États, banques, entreprises, ménages jouant dans ce jeu dangereux un rôle plus ou moins important en fonction des pays. Partout, la finance a pris plus de poids que l'économie réelle : Adair Turner rappelle que la part de celle-ci dans les économies américaine et britannique a triplé entre 1950 et les années 2000 ; en moyenne, dans les pays avancés, la dette du secteur privé a augmenté de 50 à 170 % du revenu national entre 1950 et 2006 ; de même, les flux de capitaux entre pays ont crû beaucoup plus rapidement que l'investissement réel à long terme[41]. En pourcentage du PNB, le poids des activités financières a touché deux pics hauts : 1929 et 2007, difficile de croire à une simple coïncidence. La machine à cash s'est emballée, au point de créer des aberrations bien connues, comme ces immeubles vides en Espagne et en Chine ou ces usines tournant à moitié...

---

41. *Ibid.*, p. 1.

Quand Icare volait trop haut : l'excès de confiance, malgré les alertes

La sonnette d'alarme a eu beau sonner à plusieurs reprises, personne n'a voulu prêter attention à ceux qui semblaient crier au loup. Avec la crise financière asiatique de 1997-1998, c'était la cinquième fois que le monde connaissait une grave crise monétaire et financière en l'espace de vingt ans. Mais la plupart des économistes, ainsi que les régulateurs financiers et les banques centrales, ont voulu croire à la dynamique vertueuse de la création libre de la dette et de la multiplication des innovations financières telles que la titrisation[42], au service de la croissance économique. Dès lors que le système paraissait rationnel, rentable et socialement utile, dès lors que les banques centrales étaient là pour en assurer la maîtrise, avec des virtuoses à leur tête[43], pourquoi donc s'inquiéter ?

D'autant que la complexité croissante du système, avec des dispositifs de contrôle et de répartition des risques de plus en plus sophistiqués, passait pour être gage de stabilité : plus on répartissait les risques, plus on dispersait les créances, plus le système semblait pouvoir se corriger par lui-même... Adair Turner raconte combien, à la veille de la crise, la complexité du système de crédit

---

42. Technique financière qui consiste à transformer des actifs peu liquides (créances, prêts...) en titres financiers émis sur le marché des capitaux (obligations, par exemple), en les transférant à des investisseurs.
43. À cette époque encore, malgré la multiplication des signaux de « l'exubérance irrationnelle », Alan Greenspan, alors président de la Réserve fédérale, la banque centrale des États-Unis, était présenté comme un chef d'orchestre tout-puissant (cf. Bob Woodward, *Maestro: Greenspan's Fed and the American Boom*, Simon & Schuster, 2001).

sécurisé et du *shadow banking*[44] était « ahurissante » : « La Federal Reserve Bank de New York a tenté de schématiser sur un même plan tous les circuits et interconnexions possibles. Elle a imprimé les résultats sur une feuille de 0,90 × 120 cm et a recommandé que toute personne tentant de comprendre le système fasse de même : impossible de le représenter sur une feuille plus petite, et encore, il était déjà difficile d'y lire les indications[45] »... Mais la sophistication rassurait, et entretenait tout le monde dans l'illusion de la « grande modération ».

À titre personnel, j'ai eu l'occasion de constater certaines dérives dès 1996, alors que j'étais fonctionnaire au ministère des Finances. J'avais été « prêté » par l'inspection des finances au cabinet du ministre pour rédiger le rapport pour le « débat d'orientation budgétaire pour 1997 », nouvel engagement annuel de discuter les finances publiques et leurs perspectives devant le Parlement. Dans ce rapport[46], j'avais insisté de manière graphique sur l'effet « boule de neige » de l'endettement public[47] – Alain Juppé tentera d'ailleurs de présenter mon schéma, fort peu télégénique, chez Anne Sinclair, à l'époque de *7 sur 7*... Au-delà de l'anecdote, ce rapport fut pour moi une première occasion d'analyser les dynamiques d'endettement.

---

44. Voir chapitre VI.
45. A.Turner, *op. cit.*, p. 26.
46. Rapport qui, du fait de la dissolution de l'Assemblée nationale, ne sera jamais mis à l'ordre du jour...
47. http://www.senat.fr/rap/r95-369/r95-369.html. Avec l'endettement public, il convient de prendre en compte la combinaison du solde primaire du budget (hors charges de la dette) et de l'écart entre taux d'intérêt et taux de croissance (des taux d'intérêt supérieurs aux taux de croissance enclenchant un endettement cumulatif).

Mais c'est lorsque j'ai assisté, en tant que banquier d'affaires chez Lazard à Londres puis à New York, au gonflement de la bulle Internet puis à son explosion, que j'ai vraiment pris la mesure des excès du système. Je sortais à peine de Bercy, avec mes convictions de technocrate français, et j'ai mis les pieds dans un monde insensé où il fallait placer du « .com » sur toutes les présentations. Moi-même ai produit des « WHSmith.com » et des « Sainsbury.com ». Le pire est que cela marchait ! Ainsi, un grand acteur de la certification avait vu en 2000 son cours de bourse exploser parce qu'il avait simplement signé un contrat avec une entreprise qui se présentait comme le portail web du commerce extérieur de la Chine, en pariant sur le principe du *first mover advantage* et du *winner takes all* : de manière très sérieuse, certains ont pu ainsi, sans rire, calculer qu'une commission minime sur une proportion grandissante d'un commerce en croissance exponentielle allait tomber dans la poche du certificateur, premier positionné sur ce marché, faisant ainsi exploser sa valeur... On se rappelle aussi le rachat du portail vizzavi.fr par Vivendi, alors dirigé par Jean-Marie Messier, à un inconnu qui avait déjà déposé le nom (vis@vis)... pour la modique somme de 24 millions de francs ! Les valeurs n'avaient plus aucun sens. J'ai vu la bulle spéculative grossir ainsi progressivement jusqu'à exploser, avec les dépréciations d'actifs, les faillites et la récession économique que l'on sait. Il y avait un vrai excès de finance à purger.

Et cependant, les dérives ont continué, de même que l'illusion d'un système financier infrangible. Le cas du 11 septembre 2001 est à cet égard très intéressant. Ce jour-là, la finance mondiale a été touchée en plein cœur.

J'ai moi-même assisté à cette tragédie depuis les fenêtres de mon bureau de Lazard, au 61e étage du Rockefeller Center, d'où nous avions une vue imprenable sur le World Trade Center. Cela fait partie des jours qu'on n'oublie pas : rentrée des classes, temps magnifique... et puis un avion se crashe sous nos yeux, j'apprends que c'est le deuxième ; l'immeuble est évacué, le réseau téléphonique saturé, les rumeurs apparaissent, la panique monte... Nous voilà au rez-de-chaussée, au-dessus de la célèbre patinoire, devant le siège de NBC qui faisait défiler en boucle, sans distinction, les informations du matin – la hausse du prix du timbre, le grand retour de Michael Jordan dans la NBA, et deux avions transperçant les Twin Towers. L'atmosphère était surréelle ! Puis nous avons été autorisés à rentrer chez nous. Je ne suis allé sur les lieux qu'une semaine plus tard, saisi d'emblée par la très forte odeur d'amiante et les innombrables bouts de papier à entête amoncelés sur le sol : c'était bouleversant. Et en même temps, le quotidien a très vite repris son cours. Dès le lendemain de la catastrophe, j'ai eu au téléphone un de mes clients japonais qui travaillait dans une des tours jumelles et me disait avoir perdu toutes les données sur la transaction que nous avions conclue la semaine précédente : il me demandait d'intercéder auprès de Tokyo pour faire avancer malgré tout le dossier. C'était absolument décalé, et en même temps rassurant de voir que la vie continuait. Wall Street s'est elle aussi remise en marche très vite, même si les marchés boursiers ont naturellement enregistré une baisse. Finalement, le système financier a fait preuve d'une résilience étonnante : comme si tous les acteurs voulaient démontrer qu'ils ne se laisseraient pas abattre... Il faut dire que l'entrée en guerre des États-Unis en Afghanistan et en

Irak a paradoxalement aidé, en redonnant de la vigueur à l'ensemble de l'économie. Ce faisant, les attaques du 11 Septembre contribuaient à nourrir l'illusion d'une finance babélienne qui était au-dessus de tout, et à laquelle on pouvait faire confiance aveuglément.

2007-2011 : l'écroulement de Babel

Ce qui devait arriver arriva : il a suffi d'un grain de sable pour enrayer toute la mécanique et faire exploser le système. On avait laissé la finance sans maître ; la crise des *subprimes*, à l'été 2007, nous a brusquement rappelé que c'était une puissance aveugle, profondément irrationnelle, et qu'elle était le jouet d'acteurs dont les motivations n'étaient pas toujours celles des signataires de la Déclaration du Millénaire.

Les *subprimes*, ces prêts hypothécaires de médiocre qualité au montant gagé sur la valeur du bien immobilier, étaient témérairement accordés depuis le début des années 2000 à des ménages américains de moins en moins solvables. Tout le concept reposait sur une hausse rapide et continue du prix de l'immobilier, sans que personne n'envisage un retournement de conjoncture[48]. En transformant ces prêts, en les titrisant et en les commercialisant, les usines financières parvenaient à mettre sur les marchés des produits aux rendements élevés grâce à des montages

48. De manière intéressante, lors d'un débat que nous avons eu au Peterson Institute en juin 2016, Neel Kashkari, président de la Réserve fédérale de Minneapolis, a rappelé qu'en 2006, alors que le Trésor américain travaillait à de possibles scénarios de crise, une baisse de l'immobilier n'avait pas même été imaginée !

toujours plus sophistiqués et à une modélisation financière toujours plus complexe. Il aura suffi que le marché de l'immobilier américain se retourne début 2007 pour mettre près de trois millions de foyers en situation de défaut de paiement, faire plonger les banques du pays et déclencher une crise financière internationale. En effet, toute une chaîne de produits financiers était bâtie sur cette matière première à haut risque : les actifs « subprimes » avaient été dispersés un peu partout sur la planète, exposant le système à un risque qu'on pensait ainsi dilué et réparti au mieux des « appétits ». Henri de Castries, PDG d'AXA, avait utilisé à l'époque une image fort parlante pour résumer la situation : les *subprimes*, c'est au fond comme les anchois dans une salade niçoise ; en soi ils ne représentent pas grand-chose[49], mais il suffit que le produit soit avarié pour polluer toute la salade...

C'est ainsi qu'à partir de 2007, par des explosions en cascade, tout le système s'est progressivement désintégré. Les réactions en chaîne qui se sont succédé ont donné aux acteurs le sentiment de glisser sur un toboggan, sans pouvoir s'arrêter. Pour ma part, je venais de rejoindre à Paris le Crédit agricole : en charge des finances d'une des plus grandes banques du monde, je me retrouvais dans l'œil du cyclone !

Dès le mois d'août 2007, l'annonce par BNP Paribas d'un gel temporaire de trois de ses fonds exposés au *subprime* laisse en effet pressentir que la crise ne serait

49. Quelque 1 500 milliards de dollars à l'échelle de la finance internationale – ce qui reste une somme gigantesque pour un individu et même un pays.

pas qu'américaine. Les banques centrales européennes, au premier rang desquelles la BCE, sont déjà contraintes de voler au secours des marchés. L'affaire Kerviel, révélée en janvier 2008 et qui aurait pu signer la mort de la Société générale, vient souligner un peu plus encore la perte de contrôle, et l'ampleur de la menace qui pèse sur le système financier mondial. En mars, Wall Street sombre dans le rouge et les marchés s'affolent à l'annonce du refinancement en catastrophe de Bear Stearns repris par JPMorgan.

Mais c'est le 15 septembre qu'a lieu l'épisode le plus emblématique de la crise : la cent-cinquantenaire Lehman Brothers, quatrième banque d'affaires des États-Unis, déclare la banqueroute la plus importante de toute l'histoire financière américaine. « Jamais je n'ai rien vu de pareil ! » sera le mot fameux d'Alan Greenspan. Pour la finance mondiale, le choc est d'autant plus rude qu'au même moment, la prestigieuse banque d'affaires Merrill Lynch est rachetée par la Bank of America. Puis c'est au tour du géant de l'assurance AIG d'annoncer la vente en urgence de 20 milliards d'actifs... Quelques jours plus tard, Goldman Sachs et Morgan Stanley renoncent à leur statut de banques d'investissement pour se transformer en banques commerciales. Le 3 octobre, le secrétaire au Trésor, Henry Paulson, fait adopter son plan de sauvetage de l'économie américaine : l'intervention historique du gouvernement fédéral se chiffre à 700 milliards de dollars. La France lui emboîte le pas en adoptant, le 13 octobre, un « plan de soutien au financement de l'économie nationale » (en fait, un plan de soutien aux institutions bancaires). Quelques jours plus tard, les banques européennes doivent à nouveau se recapitaliser.

Tout au long de ce terrible automne, chargé des plus folles rumeurs et des plus nombreuses incertitudes, j'ai été témoin de la perte de confiance des acteurs financiers entre eux : chaque matin, en entrant en réunion de crise, nous nous demandions avec quelle nouvelle banque le Crédit agricole allait devoir arrêter de traiter, en envoyant à tous les traders de la planète l'instruction terrible : « *Do not deal* »... Dur d'être le premier à tirer l'échelle, mais impossible évidemment d'être le dernier ! Ce sont finalement les banques centrales qui s'imposeront comme « traiteurs », voire « traders » de dernier ressort. L'année noire s'achève avec l'arrestation, en décembre, du financier Bernard Madoff, auteur d'une gigantesque fraude de 50 milliards de dollars à travers son fonds d'investissement. Le verre est plein ! On se souvient de la une de *L'Express* à la fin décembre 2008 : « Pourquoi les banquiers sont nuls ? »... Warren Buffett rappelle alors, avec une sombre ironie, que c'est lorsque la marée baisse que l'on voit qui se baigne avec un maillot !

L'année 2009 est celle du triomphe de l'internationalisme et de la régulation. Les deux sommets du G20, en avril à Londres puis en septembre à Pittsburgh, suivis en novembre d'une réunion des ministres des Finances et gouverneurs de banques centrales des mêmes pays en Écosse, définissent un encadrement du système financier (création d'un Conseil de la stabilité financière, prise en compte du « hors-bilan » des banques dans le calcul des ratios prudentiels, réforme des normes comptables, publication par l'OCDE des pays refusant les échanges d'informations fiscales avec d'autres États...) et prennent des mesures pour relancer l'économie mondiale, notamment *via* un accord sur le renforcement des ressources du Fonds monétaire international (FMI). Entretemps, les annonces se multiplient sur le retour des profits dans les banques européennes et l'idée que les banques françaises sont parmi celles qui ont le mieux résisté au monde.

L'« accalmie », si l'on peut dire, car pendant ce temps la croissance est en berne, est de courte durée : dès octobre 2009 se font jour les premières tensions qui vont mener à la crise de l'euro. Le gouvernement socialiste grec, nouvellement élu, découvre la réalité des finances publiques du pays : un déficit de 12,7 % du PIB, contrairement aux 6 % affichés... Dès janvier 2010, Bruxelles monte au créneau et, en février, les Vingt-Huit, emmenés par l'Allemagne, se réunissent en sommet pour tenter de résoudre le casse-tête. Il faut attendre le mois de mai pour que soit trouvé un accord sur un plan de sauvetage de la Grèce : l'aide de 110 milliards d'euros, commune à l'Union européenne (UE) et au FMI – une aide sans précédent dans le monde par son ampleur – sera accordée en contrepartie d'une douloureuse cure d'austérité. Quelques jours plus tard, c'est la zone euro dans son ensemble qui bénéficie de la mobilisation de 750 milliards d'euros sur trois ans, destinés à soutenir la monnaie unique, attaquée de toutes parts, et à renforcer la discipline budgétaire des États membres. En parallèle, la BCE acquiert 74 milliards d'euros de titres de dette souveraine (notamment grecque et portugaise) afin de rassurer les investisseurs. En novembre, l'UE accorde une aide financière à l'Irlande.

Pendant ce temps, le G20 continue sa tâche de coordination des politiques financières et économiques : les sommets de Toronto puis de Séoul s'efforcent de jeter les bases d'une croissance durable et équilibrée. Mais l'été 2011 réveille la panique, avec le séisme de la perte du triple A américain. Du côté de la zone euro, la crise de la dette a raison de plusieurs dirigeants : Papandreou et Berlusconi chutent en novembre, pressés par leurs pairs. L'année 2011 se termine par un marathon à Bruxelles, où se tient le seizième sommet en deux ans visant à sauver l'Europe : avec le rejet anglais des réformes proposées par la France et l'Allemagne, on a le sentiment que « L'Europe à 27, c'est fini » [*sic*], ainsi que titre *Le Monde* le 10 décembre. Anticipation de cinq ans... La perte par la France, en janvier 2012, du triple A, présenté comme un « trésor national » par le président de la République, crée une nouvelle onde de choc et donne un sentiment de perte de repères à la population. D'autant que dans l'Hexagone, comme aux États-Unis en 2011, cette dégradation prétendue catastrophique se traduira finalement par des coûts d'emprunt plus faibles... accroissant les incompréhensions.

Les révélations d'une catastrophe financière sans précédent

Les événements de 2007-2011 ont mis en lumière une triple crise, qui a démultiplié les effets d'une traditionnelle crise d'endettement excessif. Ce qui explique sa violence et l'ampleur des dégâts.

Avant toute chose, ce fut une crise de l'innovation financière. Grisés par la pensée des grands progrès économiques que le système était censé avoir permis, les financiers ont adapté un certain nombre de produits sans trop en mesurer les conséquences. Le lien a été perdu entre la cause et l'effet : on a fabriqué de la dette et, avec, on a racheté des actifs, dont les rendements ont encouragé à créer toujours plus de dette, grâce à des innovations financières toujours plus inventives... jusqu'à ne plus rien maîtriser. L'outil a été livré à lui-même, fabriquant une richesse artificielle qui a fini par tout faire exploser. Telle est à mes yeux la plus grande leçon à tirer de la crise de 2007-2008 : que « finance sans conscience n'est que ruine du monde », pour paraphraser la célèbre formule de Rabelais[50]. Ou, si l'on se souvient une fois encore du vieil adage : la finance domestiquée est un « bon serviteur », mais, abandonnée à elle-même, elle devient un très « mauvais maître ». Si elle n'est pas contrôlée, si l'homme se laisse dépasser, c'est une force aveugle qui s'emballe et peut mener le monde à la catastrophe. Paul Volcker, ancien président de la Réserve fédérale et conseiller d'Obama pour les réformes financières, avec une ironie mordante et amère, rappelait il y a peu qu'à sa connaissance, la dernière vraie innovation financière était le distributeur automatique de billets !...

N'oublions pas que, contrairement aux enseignements traditionnels, les marchés financiers peuvent être et sont régulièrement dominés par l'irrationnel. C'est l'exemple fameux du krach d'octobre 1987, où le Dow Jones perdit 22,7 % dans la journée alors qu'aucune information nouvelle ne pouvait expliquer une réaction aussi brusque de Wall Street ; on était certes dans une phase de remontée

50. Cf. François Rabelais, *Pantagruel*, 1542 : « Science sans conscience n'est que ruine de l'âme. »

vive des taux d'intérêt à long terme, mais pourquoi ce jour noir ? Les sociologues parlent de *tipping point* (« point de basculement sociologique » ou « seuil de tolérance »), qui désigne le moment critique où un phénomène singulier devient commun : dans le cas du marché financier, cela veut dire que, pendant un certain temps, les acteurs méconnaissent une certaine tendance, jusqu'à s'en rendre compte suffisamment pour que la confiance collective bascule. Les mouvements sur les marchés d'actions n'ont rien de permanent ni de régulier, ce sont bien plutôt des phénomènes de bascule et d'ajustement. Des phénomènes de mimétisme aussi, de manie : c'est le cas du bulbe de tulipe en Hollande au XVIIe siècle[51], qui en deux semaines a pu passer de 50 à 1 000 florins, sans autre forme d'explication. La manie prend, la masse suit, et puis soudain c'est la panique et le krach : les marchés sont traversés par une force aussi irrésistible qu'irrationnelle qui pousse dans un sens, jusqu'à se rompre tout à coup, pour recommencer dans un autre sens et craquer à nouveau. On se dit à chaque fois que les choses seront différentes (« *This time it's different*[52] »), mais le phénomène se reproduit et parvient chaque fois à nous prendre par surprise.

Le problème de la crise de 2007-2008 est que, malgré cette part d'irrationalité irréductible du système, on a voulu croire, de façon plus aiguë que jamais, à une rationalité et une efficacité absolues de l'outil financier. L'alliance de la finance avec la force de frappe numérique n'est sans

---

51. Cf. Charles P. Kindleberger, *Manias, Panics and Crashes*, Wiley, 2000.
52. Cf. C. M. Reinhart, K. S. Rogoff, *This Time is Different: Eight Centuries of Financial Folly*, Princeton University Press, 2009.

doute pas étrangère à la persistance de cette illusion : l'outil algorithmique a poussé les acteurs à systématiser l'utilisation de modèles de valorisation qui sont devenus progressivement des standards. C'est le danger de tout modèle, qui par définition simplifie la réalité : l'homme a toujours tendance à vouloir substituer la représentation au réel, alors qu'il s'agit simplement de lui permettre de prendre des décisions. Avec les modèles financiers, qui sont pour la plupart des modèles gaussiens, construits autour de moyennes dont on s'écarte régulièrement, la tentation de s'écarter trop souvent est grande, au risque d'oublier que l'on s'est écarté… Au fond, la finance et le numérique sont du même acabit : ce sont deux langages universels qui, livrés à eux-mêmes, agissent comme des forces irrésistibles. C'est dire si leur convergence peut être explosive. En l'occurrence, elle a mené en 2007-2008 a une crise majeure d'innovation. La tentation de Babel, poussée par un langage unique et irrésistible, est ancienne et universelle.

Ce fut dans le même temps une crise de la mondialisation financière. À partir de 1971, avec la libéralisation des flux de capitaux au-delà des frontières nationales, puis avec la répartition de plus en plus sophistiquée des risques liés au crédit, le système financier n'a eu de cesse de grossir, de se diffuser, de s'interconnecter, de créer des interdépendances. Au point que si une quelconque partie du tout devait s'avérer défaillante, le tout pouvait être ébranlé sans délai.

Est-ce à dire que cette crise a été véritablement « mondiale » ? J'entends encore le ministre indien des Finances ironiser sur le fait qu'on appelait toujours crises « mondiales » celles qui avaient lieu aux États-Unis et en Europe, et crises « locales » celles qui éclataient chez eux... De fait, le système financier international reste aujourd'hui largement dominé par les économies dites « avancées » (c'est-à-dire, au sens strict, les pays du G7 et, au sens large, les membres de l'OCDE) : les grandes banques du monde sont encore européennes, américaines, japonaises ou australiennes, de même que les grands investisseurs. Les pays émergents se sentent otages d'un système dans lequel ils souhaiteraient avoir davantage leur mot à dire. C'est tout le sens des discussions qui ont eu lieu aux sommets du G20 à partir de 2008. N'oublions pas que dans les pires heures de la crise, celles où l'on est passé, à plusieurs reprises, à deux doigts de la banqueroute planétaire, c'est la Chine qui a sauvé l'économie mondiale : grâce à sa politique de relance en 2009-2010, elle s'est imposée comme l'une des locomotives de la planète. Nombre de flux financiers se sont redirigés alors sur les pays émergents qui ont plutôt bien résisté au krach, même si certains connaissent actuellement un douloureux retournement de conjoncture.

Ce fut enfin une crise de la réglementation. On n'a pas su encadrer ce système financier mondialisé : sa complexité et sa diffusion ont largement échappé au législateur. On n'a pas su statuer sur les différentes innovations financières comme l'Église avait voulu le faire au Moyen Âge pour les armes : seules avaient été autorisées alors celles dont on pouvait mesurer les effets, aussi barbares puissent-elles nous paraître aujourd'hui. Oui aux armes de type hache ou massue, parce que l'on pouvait voir où l'on frappait ; non aux balistes et catapultes de portée de plus d'un kilomètre, parce que l'œil humain perdait le lien entre la cause et l'effet ! On gagnerait beaucoup à replonger parfois dans les textes anciens !... Pour revenir à nos maux contemporains, en apparence plus indolores, non seulement la régulation a peiné à suivre le développement de la finance mondiale, mais la communauté internationale, aveuglée par sa foi dans les bénéfices prétendus du système, a laissé la réglementation existante s'alléger. Elle a accordé une part d'appréciation toujours plus grande à des acteurs financiers qui devenaient de plus en plus importants. Certaines banques ont atteint une taille de bilan équivalent au PNB de grands États : près de 2 000 milliards d'euros pour BNP Paribas ou le groupe Crédit agricole, par exemple, soit un bilan comparable au PNB de la France. Ces acteurs eux-mêmes ont laissé leur propre régulation s'émousser, ne s'en remettant plus qu'à des mécanismes de rémunération et d'incitation qui avaient perdu tout sens du collectif et de la mesure, et ont emporté le système dans une folle direction.

En somme, l'humanité n'a pas su maîtriser les forces qui se libéraient. Ou, pour reprendre les mots lucides d'Adair Turner : « Cette catastrophe était évitable et a été entièrement auto-infligée[53]. »

---

53. A. Turner, *op. cit.*, p. 2. Rappelons d'ailleurs aussi la pertinence et la lucidité des analyses de Raghuram Rajan, économiste en chef du FMI, qui, dès 2005, mettait en garde contre les risques cachés du système et qui, en 2010, soulignait « comment les fractures cachées continuent à menacer l'économie mondiale » (cf. *Fault Lines: How Hidden Fractures Still Threaten the World Economy*, Princeton University Press, 2011).

Une crise de confiance dévastatrice

Le préjudice économique causé par la crise financière de 2007-2008 s'est révélé dramatique : après la « grande modération », le monde a sombré dans une « grande récession » dont il n'est pas sorti. Les coûts de renflouement du système financier n'ont pas tant pesé que cela dans la balance : dans l'ensemble des économies avancées, les plans de soutien des gouvernements aux banques ont coûté tout au plus 3 % du PIB[54]. Mais, en parallèle, des millions de personnes ont perdu leur maison, leur emploi, ont vu leurs revenus et leur niveau de vie baisser. La dette publique a augmenté de façon spectaculaire (en moyenne, dans les pays avancés, elle a crû de 34 % du PIB entre 2007 et 2014[55]), en même temps que se réduisait l'aide publique du développement, souvent cible des cures d'austérité. « Nouvelle démonstration du vieil et cynique adage qui veut que quand les gros maigrissent, les maigres meurent », avais-je témoigné dans un ouvrage paru à l'époque[56]... Paul Tucker, alors numéro 2 de la Banque d'Angleterre, va jusqu'à prédire 25 années perdues ; nous en sommes à 8...

Mais la crise financière, à mes yeux, a eu une conséquence plus dommageable encore sur le long terme : à savoir, la profonde perte de confiance qui s'est généralisée envers les banques, les États, les élites, le « système ». L'opinion publique a été ulcérée de savoir que de

54. *Ibid.*, p. 3.
55. *Ibid.*
56. Michel Cool, *Pour un capitalisme au service de l'homme. Paroles de patrons chrétiens*, Albin Michel, 2009, p. 112.

nombreux banquiers accordaient des prêts aventureux aux particuliers américains ainsi qu'aux promoteurs immobiliers irlandais, espagnols ou britanniques ; que certains avaient agi de façon malhonnête, en manipulant le taux LIBOR[57] ou en vendant des titres de valeur douteuse à des investisseurs peu regardants. Le discours du Bourget du candidat François Hollande, le 22 janvier 2012, résume parfaitement l'état d'esprit qui s'est installé alors : « mon véritable adversaire [...] n'a pas de nom, pas de visage, pas de parti, il ne présentera jamais sa candidature, il ne sera donc pas élu, et pourtant il gouverne. Cet adversaire, c'est le monde de la finance. Sous nos yeux, en vingt ans, la finance a pris le contrôle de l'économie, de la société et même de nos vies. [...] Cette emprise est devenue un empire. Et la crise qui sévit depuis le 15 septembre 2008, loin de l'affaiblir, l'a encore renforcée. »

Personnellement, j'ai été accablé par l'image négative des banquiers véhiculée dans les médias tout au long de la crise, et par le ressentiment populaire exacerbé à leur endroit, à cause des écarts de certains d'entre eux. Pendant les quatre années passées au Crédit agricole, je suis allé à la rencontre des sociétaires, des actionnaires et des clients de la banque dans les différentes régions de France. Je me souviens en particulier de mon premier « Zénith » à Blois, en mars 2009, alors que l'action du Crédit agricole ne valait plus que 6 euros, contre plus de 30 avant la crise[58] ; la première question qui m'a été

57. Le LIBOR (en référence au *London Interbank Offered Rate*) désigne une série de taux de référence du marché monétaire selon différentes devises.
58. Elle tombera ensuite sous la barre des 2 euros.

posée est venue d'un monsieur d'un certain âge, appuyé sur sa canne : « Combien gagnez-vous, monsieur, et combien gagnent tous ces gens qui m'ont ruiné, qui ont mis mon petit-fils au chômage et qui ne nous ont rien dit ? » Comment en vouloir à toutes ces personnes lésées par la crise et la récession économique qui a suivi, qui ont dû et devront encore payer à l'avenir, ainsi que leurs enfants, la facture d'une débâcle dont elles ne sont pas responsables ? Comment en vouloir à ces populations auxquelles on n'a pas même accordé le temps d'une explication pour justifier les mesures qu'on adoptait en urgence pour sauver le système ?

Dans le cas de la France, un des tournants symboliques à cet égard me paraît se situer à l'été 2008. Le thème qui dominait alors le débat national était le Revenu social d'activité (RSA) proposé par Martin Hirsch : les experts bataillaient pour savoir s'il fallait y consacrer un budget de 500, de 600, de 700 ou de 800 millions d'euros. Un mois plus tard, Lehman Brothers fait faillite : Nicolas Sarkozy mobilise en un rien de temps 420 milliards d'euros pour voler au secours des banques, tandis qu'aux États-Unis, on trouve 700 milliards de dollars pour Wall Street. En résumé : on se bat deux mois pour savoir combien de millions d'euros accorder aux pauvres, et un mois plus tard on sort du chapeau des milliards en faveur de la finance ! L'ironie veut d'ailleurs que ces deux sujets, en France, aient été votés dans le même texte de loi… La rupture avec le peuple était inévitable. Jamais on n'a su expliquer aux Français, pas davantage qu'aux Américains ni aux autres citoyens du monde, que ces 400 milliards n'étaient pas les mêmes que les 800 millions, qu'il s'agissait là de prêts, de garanties, etc.; qu'il s'agissait surtout d'éviter un désastre pour tout le pays en évitant l'effondrement du système bancaire.

La seconde rupture, à mon sens, a eu lieu le 24 septembre 2008 à Toulon, quand le président Sarkozy a déclaré qu'il n'accepterait pas « qu'un seul déposant perde un seul euro », qu'il mobiliserait l'État pour protéger leur épargne. Brusquement, 60 millions de Français se sont dit : « Parce que mes dépôts étaient en risque ?... » Jusque-là, personne n'avait réalisé qu'une banque n'était pas un coffre-fort où son argent l'attendait sagement, mais que celle-ci passait son temps à réinjecter les dépôts dans le système financier pour utiliser ces ressources, les transformer, les réallouer aux quatre coins du monde. Fort heureusement, le discours de Toulon n'a pas déclenché de panique et incité la population à faire la queue devant les banques pour retirer ses économies. Mais, avouons-le, tous les acteurs financiers ont frémi !

Gouvernements comme banquiers n'ont pas fini de payer ces erreurs, ces défauts de pédagogie. Les populations sont aujourd'hui remplies de colère parce qu'elles ont le sentiment de s'être « fait avoir » : on leur a donné l'impression qu'on sauvait les puissants – ces « cosmocrates », pour reprendre le terme de John Micklethwait[59], qui passent leur vie dans les avions, les hôtels et les centres-ville et qui, basés à Londres ou à Paris, connaissent mieux New York et Singapour que Birmingham ou Marseille

59. Cf. John Micklethwait, Adrian Wooldridge, *A Future Perfect: The Challenge and Hidden Promise of Globalization*, Crown Business, 2000.

– et qu'on les abandonnait à leurs propres difficultés. La vague mondiale actuelle de populismes traduit ce vaste désenchantement.

La situation est d'autant plus inquiétante que les marchés eux-mêmes ont perdu confiance dans les banques, pire, dans les banques centrales. Il suffit de voir les débats du moment en Allemagne sur la « dictature » de la Banque centrale européenne (BCE), ou la tentation récurrente du Congrès américain d'accroître son contrôle sur la « Fed »... Dans la zone euro comme dans le cercle du G20, tout le monde suspecte tout le monde de vouloir déprécier sa monnaie, provoquant des tensions sur le marché des changes. Quant aux investisseurs, ils sont devenus ultrasensibles au risque de réputation. Je me souviens d'un gestionnaire d'actifs rencontré en 2010 à San Francisco dans le cadre d'un *road-show* trimestriel du Crédit agricole, qui m'avait dit : « Désormais je n'achèterai plus de titres bancaires pour trois raisons : 1/ parce que les gens ne vous aiment plus, si tant est qu'on vous ait jamais aimés ; 2/ parce qu'avec les nouvelles règles en vigueur, votre profitabilité va diminuer ; 3/ parce que même si vous parvenez à être profitables, vous risquez, parce qu'on ne vous aime vraiment pas (cf. 1/), d'être taxés ou mis à l'amende à l'avenir ; donc vous ne m'intéressez pas. » N'essayez même plus de parler d'une banque à un investisseur écossais : à Édimbourg, où j'ai eu l'occasion d'aller en 2009, on est encore pétri de honte de savoir que deux des plus gros désastres bancaires du Royaume-Uni ont été provoqués par la Royal Bank of Scotland et la Bank of Scotland.

Cette perte du capital-confiance est à mes yeux la plus grosse perte en capital engendrée par la crise financière. C'était bien le message de Nicolas Sarkozy lors du discours de Lyon du 19 janvier 2012 : « Ce n'est pas une crise économique, c'est une crise financière qui a créé une crise de confiance, qui crée une crise économique. » Tout le système capitaliste, toute notre civilisation moderne occidentale reposent sur la confiance : sans elle, on ne peut plus prêter, on ne peut plus se projeter, on ne peut plus coopérer. Alain Peyrefitte a très bien analysé ce mécanisme dans *La Société de confiance*[60] : si le développement en Europe a été possible, c'est grâce à un « éthos de confiance » qui a bousculé des tabous traditionnels et favorisé l'innovation, la mobilité, la compétition, l'initiative rationnelle et responsable. Sans confiance, c'est toute la société bâtie par nos ancêtres qui est mise à mal. Or c'est précisément le poison que la crise financière a instillé : notre système fonctionne aujourd'hui moins bien qu'il y a dix ans, parce que nous avons perdu confiance en lui. Et cette question dépasse très largement la finance : pensons par exemple à l'onde de choc récemment créée par Volkswagen et les interrogations sur les mesures de pollution automobile ou les *Panama Papers*. Le niveau de confiance disponible dans le système a diminué, mettant le système en danger. Il est urgent de reconstruire cette confiance, sans laquelle notre monde ne saurait bien se porter.

---

60. Alain Peyrefitte, *La Société de confiance. Essais sur les origines du développement*, Odile Jacob, 2005.

Un système qui reste à reconstruire, mais aussi à refonder

Le système financier a bien failli être rayé de la carte mondiale, mais il a finalement réussi à se redresser. En s'appuyant sur le G20, la communauté internationale est parvenue à renflouer les institutions financières, à mettre de l'ordre parmi les acteurs, à fixer de nouvelles règles, y compris en matière de rémunérations. L'humanité, celle du moins qui y avait et y a toujours accès, peut continuer à placer son argent en banque, à se faire virer un salaire, à payer par carte bancaire. Les monnaies n'ont pas disparu et la spirale inflationniste a été évitée. Fort heureusement, le monde ne s'est finalement pas arrêté de tourner. L'humanité est parvenue à se coordonner. Nous avons pour l'instant évité le scénario catastrophe d'une répétition des années 1930.

Ne nous méprenons pas toutefois sur la nature de cette restauration : le système n'a fait que colmater ses brèches. Il ne s'est en aucun cas reconstruit, il ne s'est pas doté de fondations nouvelles, encore moins assainies. S'il était nécessaire de sanctionner les banquiers malhonnêtes ou incompétents, de faire en sorte qu'aucune banque ne redevienne « *too big to fail* », que les financiers soient rémunérés en fonction de la performance d'ensemble et dans la durée de l'entreprise, et pas seulement pour leurs performances individuelles, ou que les contribuables n'aient plus jamais à secourir les banques comme ils l'ont fait en 2008, les réformes réglementaires ne se sont pas concentrées sur le véritable problème de la crise, à savoir l'abandon à lui-même de l'outil financier. Il est urgent aujourd'hui de reprendre cet outil en main. Et, pour ce faire, de redonner une boussole aux acteurs du système financier international. Celui-ci a tenu mais ne sait toujours pas *pour quoi* il tient, dans quelle direction il va, quel est le sens de sa marche. Faute de disposer de ce cap, le système pourrait connaître à nouveau une crise majeure. Le monde ne saurait se le permettre.

S'il faut donc reconstruire le système financier international, il convient avant tout de savoir avec quels acteurs, et de se mettre d'accord sur qui fait quoi. Or, s'il est une autre conséquence majeure de la crise, c'est la transformation d'un monde dominé par les banques en un monde où les investisseurs sont devenus rois : fonds de pension, assureurs, fonds souverains et autres gestionnaires d'actifs ont désormais un poids prédominant dans le système financier international (ils devraient bientôt gérer près de 100 000 milliards de dollars !). Cette redistribution des cartes pose un certain nombre de questions auxquelles il est urgent de répondre, si nous voulons garder la maîtrise de la façon dont notre argent est utilisé.

Quelle réglementation adopter, alors qu'une partie de l'activité bancaire s'est transportée en dehors des banques, dans ce qu'on appelle le *shadow banking*, où la régulation est autre ? Depuis 2008, le monde s'est doté d'une réglementation solide pour contrôler les banques et circonscrire le risque d'une nouvelle crise financière de gravité. Le problème, c'est qu'une partie du risque s'est aujourd'hui déplacé en dehors de ces institutions traditionnelles. Comment faire en sorte que la nouvelle forme de mondialisation financière en gestation soit effectivement maîtrisée ?

Comment mobiliser au service du financement de l'économie réelle les ressources détenues par les différents acteurs, sans spolier les épargnants, les cotisants et les retraités de la planète ? Comment financer le développement, comment financer notamment les infrastructures ? De fait, en raison des modifications réglementaires et des attentes du marché, il est devenu aujourd'hui plus coûteux et moins attractif pour une banque de consentir des prêts de long terme à des projets complexes, risqués et « exotiques ». Comment faire en sorte que les investisseurs institutionnels prennent le relais ? Car s'ils ont pris une place centrale dans le financement de l'économie, ces acteurs ne fonctionnent pas comme des banques[61]. Comment les entraîner dans le financement de la prospérité pour tous ?

Comment maintenir la stabilité du système financier international, alors que le poids de ces nouveaux investisseurs est plus important que celui des banques, leur concentration plus forte et leur degré de corrélation plus élevé ? Le monde compte aujourd'hui une vingtaine d'entreprises de gestion d'actifs géantes telles BlackRock (la première, forte de près de 5 000 milliards de dollars d'actifs) ou, en France, Amundi et Natixis (qui gèrent chacune quelque 1 000 milliards de dollars). Au risque d'être caricatural, il se pourrait bien que l'humanité finisse par dépendre, pour l'allocation de l'épargne, d'un cercle

61. Voir chapitre VIII.

restreint de Chief Investors et de Chief Economists... Ces investisseurs ont beau affirmer, chacun séparément, que leur gestion est très décentralisée, fragmentée, et donc a peu de chances de suivre une direction unique, qui nous garantit que toutes ces personnes ne vont pas raisonner de la même façon au même moment, entraînant un mouvement de panique financière généralisée – avec les conséquences catastrophiques que l'on connaît ? Nous n'avons pas encore la réponse, et il est fort probable que nous devions en passer par une prochaine crise financière pour tester ces scénarios. Autant dire que le système du *shadow banking*, pour une institution comme le FMI comme pour les banquiers centraux, est un réel sujet de préoccupation.

Le système financier actuel, tel que la crise de 2007-2008 l'a remodelé, s'avère d'autant plus fragile qu'il a été profondément bousculé par la technologie. Face au développement de la banque en ligne, concomitant d'un vaste mouvement non anticipé de fermetures d'agences physiques, face au *trading* haute fréquence ou encore à la gestion d'actifs par des robots, comment faire en sorte que l'innovation bénéficie à tous et ne crée pas de nouveaux laissés-pour-compte ?

Autant de questions qu'il est nécessaire d'affronter en face, car elles ne font jamais que reformuler les trois grands défis auxquels la dernière crise nous a confrontés : le défi de la régulation, celui de la mondialisation et celui de l'innovation financières. Tout l'enjeu aujourd'hui est là : un « mauvais maître » peut-il redevenir un « bon serviteur » ?

CHAPITRE II

Peut-on refonder un système qui avait des ambitions louables, mais n'a pas su prendre le bon chemin ? Comment reconstruire une confiance qui ne se décrète pas ? Par où commencer ? La finance est en ballotage. Le roi est nu. Comment rhabille-t-on le roi ?

CHAPITRE III

2015, grand espoir II : « Tous ensemble, tous ensemble ! »

Avec la crise financière et économique mondiale qui s'est déclenchée à partir de 2007, la belle trajectoire cohérente et partagée par tous que s'était dessinée l'humanité en 2000 a été brutalement déviée. Sans cet accident de parcours, les objectifs du Millénaire auraient-ils pu être mieux remplis ? Difficile de le dire, quand le monde a vu dans le même temps sa carte économique refondue, ses équilibres démographiques bouleversés, ses modes de financement et ses grands enjeux de développement muter. Une chose est sûre : l'année 2015 a été une année exceptionnelle, comme l'Histoire sait en créer, fournissant à l'humanité une occasion unique de reposer sur la table les questions essentielles perdues de vue pendant ces années d'ébranlement et de stupeur.

Trois sommets mondiaux pour renouer avec le génie de l'an 2000

Le hasard des calendriers – ou l'alignement des étoiles, diront les observateurs du ciel – font que certaines années sont plus chargées symboliquement que d'autres. Sans conteste, l'année 2015 aura été l'une d'entre elles. Son ouverture et sa fermeture par une dramatique série d'attentats à Paris, entrecoupées d'une marche mémorable de la communauté mondiale dans la capitale française, sont venues ajouter encore à cette charge. Peut-on pour autant considérer 2015 comme une année historique ? Trop tôt pour le dire ! On ne décrète pas l'Histoire quand elle se passe. Mais cette année, à tout le moins, a été l'occasion de définir une nouvelle feuille de route pour la coopération internationale d'ici à 2030, visant à instaurer un développement durable et universel.

L'humanité, prenant acte de tous les bouleversements advenus depuis 2000, a pris conscience qu'elle devait organiser ses efforts différemment : qu'elle se devait d'ajuster les logiciels, mais aussi de redoubler d'ambition, si elle voulait recréer les termes et conditions d'un espoir crédible pour son avenir proche et lointain. En me trouvant à la direction de la Banque mondiale, j'ai été à la pointe de ce combat.

Premier rendez-vous au sommet pour les pays et les peuples du monde, ouvrant la voie à l'adoption attendue des objectifs du développement durable (ODD) par les Nations unies en septembre, la 3e conférence internationale sur le financement du développement s'est tenue à Addis-Abeba du 13 au 16 juillet 2015. Accueillir un événement mondial de haut niveau sur son sol était en soi un pari pour l'Éthiopie, qui figure parmi les pays en développement d'Afrique de l'Est : ce rôle de puissante invitante était d'autant plus symbolique que la mobilisation des ressources domestiques en faveur du développement, en priorité sur les aides extérieures, était un thème majeur de la conférence. Outre l'évaluation des progrès accomplis dans la mise en œuvre du Consensus de Monterrey (2002) et de la Déclaration de Doha (2008), celle-ci devait aborder en effet les questions nouvelles ou naissantes posées par le soutien au programme de développement des Nations unies pour l'après-2015. Les besoins de financement pour réaliser les ODD se chiffrant en milliers de milliards de dollars annuels, les discussions se sont concentrées sur les moyens concrets de mobiliser de telles ressources, dans un contexte économique difficile. Le programme d'action d'Addis-Abeba, adopté à l'issue de la conférence, a notamment envoyé un message fort sur l'importance du climat et de son intégration dans l'ensemble des politiques de développement. Une façon de « donner le ton » avant les deux autres sommets clés de l'année 2015, et les assemblées annuelles du Groupe Banque mondiale et du Fonds monétaire international (FMI) organisées à Lima, au Pérou, en octobre.

Second rendez-vous historique de l'année 2015 : l'assemblée générale des Nations unies, qui s'est tenue du 25 au 27 septembre à New York pour entériner l'engagement de l'humanité sur des objectifs encore plus ambitieux que les objectifs du Millénaire pour le développement (OMD), malgré les frustrations de l'après-2000. De 8 objectifs et 21 cibles il y a quinze ans, la communauté internationale est passée à 17 objectifs globaux et 169 cibles, reposant sur une vision holistique, universelle et transformative du développement durable. Là où les OMD étaient centrés principalement sur des thématiques sociales, les ODD couvrent en effet l'ensemble des dimensions du développement durable : la croissance économique, l'intégration sociale et la protection de l'environnement – tout l'enjeu étant de tenir compte des synergies existantes entre les objectifs fixés pour ces trois dimensions. Par ailleurs, là où les OMD ciblaient essentiellement les pays en développement, les ODD se sont attachés à ne laisser personne de côté : ils seront applicables aussi bien aux pays riches qu'aux pays pauvres, une grande première dans l'approche mondiale du développement. Avec une promesse pour le moins audacieuse : en dépit du contexte économique et de la menace du changement climatique, la pauvreté sera éradiquée d'ici à 2030, grâce à la mobilisation de toutes les énergies. L'adoption à l'unanimité, par les 193 États membres des Nations unies, de cet « Agenda 2030 pour le développement durable » a été accueillie par une ovation de la part des délégations : preuve que l'humanité y croit (voir encadré ci-contre) !

La 21e conférence des Parties (COP21) de la Convention-cadre des Nations unies sur les changements climatiques (CCNUCC), qui s'est tenue du 30 novembre au 11 décembre à Paris, est venue conclure en fanfare cette année de sursaut planétaire en faveur d'une prospérité durable. Après la reconnaissance que l'élimination de la pauvreté devait s'accompagner de stratégies renforçant la croissance économique et répondant à un éventail de besoins sociaux, sans détériorer pour autant l'environnement et le climat, les dirigeants du monde se devaient d'adopter un accord contraignant sur la réduction durable des émissions de gaz à effet de serre. Et ils y sont parvenus ! Dans le cadre de l'accord historique conclu le 12 décembre, les 196 États parties se sont engagés à prendre des mesures pour maintenir l'élévation de la

Les objectifs du développement durable (ODD)

1. Éliminer la pauvreté sous toutes ses formes et partout dans le monde

2. Éliminer la faim, assurer la sécurité alimentaire, améliorer la nutrition et promouvoir l'agriculture durable

3. Permettre à tous de vivre en bonne santé et promouvoir le bien-être de tous à tout âge

4. Assurer l'accès de tous à une éducation de qualité, sur un pied d'égalité, et promouvoir les possibilités d'apprentissage tout au long de la vie

5. Parvenir à l'égalité des sexes et autonomiser toutes les femmes et les filles

6. Garantir l'accès de tous à l'eau et à l'assainissement et assurer une gestion durable des ressources en eau

7. Garantir l'accès de tous à des services énergétiques fiables, durables et modernes à un coût abordable

8. Promouvoir une croissance économique soutenue, partagée et durable, le plein-emploi productif et un travail décent pour tous

9. Bâtir une infrastructure résiliente, promouvoir une industrialisation durable qui profite à tous et encourager l'innovation

10. Réduire les inégalités dans les pays et d'un pays à l'autre

11. Faire en sorte que les villes et les établissements humains soient ouverts à tous, sûrs, résilients et durables

12. Établir des modes de consommation et de production durables

13. Prendre d'urgence des mesures pour lutter contre les changements climatiques et leurs répercussions

14. Conserver et exploiter de manière durable les océans, les mers et les ressources marines aux fins du développement durable

15. Préserver et restaurer les écosystèmes terrestres, en veillant à les exploiter de façon durable, gérer durablement les forêts, lutter contre la désertification, enrayer et inverser le processus de dégradation des terres et mettre fin à l'appauvrissement de la biodiversité

16. Promouvoir l'avènement de sociétés pacifiques et ouvertes à tous aux fins du développement durable, assurer l'accès de tous à la justice et mettre en place, à

tous les niveaux, des institutions efficaces, responsables et ouvertes à tous

17. Renforcer les moyens de mettre en œuvre le Partenariat mondial pour le développement durable et le revitaliser

température mondiale en dessous de 2 °C par rapport aux niveaux préindustriels, et s'efforcer de limiter cette augmentation à 1,5 °C. Cet accord représente une avancée majeure pour le monde, notamment parce que, pour la première fois de l'Histoire, il reconnaît que le respect des droits de l'homme, notamment le droit à la santé et les droits des peuples autochtones, des migrants, des enfants et des personnes handicapées, fait partie intégrante de la lutte contre le changement climatique.

L'émergence d'un esprit de coopération nouveau

Au-delà des déclarations de principe, ces trois événements qui ont rythmé l'année 2015 ont mis au jour une tendance qui me semble très prometteuse pour l'avenir. En même temps qu'ils étaient portés par la dynamique diplomatique traditionnelle entre États, qui veut qu'à l'issue d'innombrables réunions, tables rondes, ateliers, forums, conférences, etc., on aboutisse à la production d'un texte et à la signature d'un accord par les chefs d'État, ces sommets ont bénéficié d'une mobilisation tous azimuts de la part de l'ensemble des acteurs de la société : entreprises, fondations, ONG, associations, investisseurs, institutions régionales, nationales et internationales, élus, citoyens... Des coalitions inattendues se sont nouées, permettant de provoquer le débat, de mettre de nouvelles idées sur la table, de créer des *momentum*, bref: de faire événement. Ce phénomène de catalyse est très nouveau et a rendu ces sommets, par-delà l'inévitable côté « barnum », d'autant plus productifs – et d'autant plus fascinants.

La conférence d'Addis-Abeba a ainsi constitué pour moi un moment fort car je venais y promouvoir un document inédit, dont j'avais piloté la rédaction : le rapport *From Billions to Trillions*[62]. Aussi étonnant cela puisse-t-il paraître, c'était la première fois que l'ensemble des acteurs du financement du développement – institutions financières internationales : FMI et Banque mondiale ; banques régionales de développement : Banque africaine de développement (BAfD), Banque asiatique de développement (BAD), Banque européenne pour la reconstruction et le développement (BERD), Banque interaméricaine de développement (BID) ; Banque européenne d'investissement (BEI) – signaient un document commun. Une vraie petite « révolution » dans le monde des organisations multilatérales ! L'idée était d'affirmer notre conviction que le défi du financement du développement durable n'était pas insurmontable, dès lors que le montant total de l'épargne et des investissements publics et privés dans le monde

62. *From Billions to Trillions: Transforming Development Finance (Post-2015 Financing for Development: Multilateral Development Finance)*, rapport préparé conjointement par la BAfD, la BAD, la BERD, la BID, la BEI, le FMI et le Groupe Banque mondiale pour le *Development Committee meeting* du 18 avril 2015.

était en théorie suffisant pour y parvenir. J'avais souhaité que le rapport soit rédigé dans l'anglais le plus accessible possible et qu'il lui soit donné un vrai titre : *From Billions to Trillions*, pour interpeller et formuler de façon concrète nos ambitions.

Cette mobilisation très nouvelle a été particulièrement marquante à Paris. Certes, le succès de la COP21 est évidemment un succès de la diplomatie française, qui a eu l'intuition d'inverser le protocole de la conférence de Copenhague en 2009, où les chefs d'État n'étaient arrivés qu'à la fin pour entériner l'issue des négociations (autrement dit, lorsqu'il était trop tard) : à Paris, les dirigeants du monde ont été appelés à se manifester dès l'ouverture de la conférence, pour afficher leur engagement et signifier aux négociateurs qui leur emboîtaient le pas qu'ils ne pouvaient échouer. Ce succès est tout aussi évidemment le fruit d'un consensus international qui allait croissant depuis quelques années, face au coût estimé du changement climatique[63] et à ses *répercussions qui commencent à être perçues par des milliards d'habitants* et, en particulier, par les plus vulnérables d'entre eux. En témoignent les engagements communs pris en amont de la conférence par la Chine ou les États-Unis, les deux plus gros émetteurs de gaz à effet de serre de la planète, pour réduire leurs émissions. Nul doute que l'immense problème de santé publique lié à la pollution de l'air à Pékin et dans d'autres villes de Chine a joué dans cet accord historique.

63. Jusqu'à 450 milliards d'euros par an en 2050 selon l'ONU.

Mais la COP21 n'aurait pas connu une telle réussite, de même que, dans une moindre mesure, les conférences d'Addis-Abeba et de New York, sans l'association très en amont de l'ensemble des parties prenantes de la lutte contre le réchauffement climatique : sans une couverture médiatique sans précédent à même de sensibiliser l'opinion publique ; sans l'appel de grandes entreprises, telle Engie en France, à proposer des solutions audacieuses et durables pour accélérer cette lutte, ainsi qu'un cadre clair et stable capable d'orienter les choix stratégiques d'investissement des acteurs privés ; sans des initiatives telles que la *Breakthrough Energy Coalition*, montée par Mark Zuckerberg et Bill Gates, les fondateurs de Facebook et Microsoft, pour financer la recherche sur des solutions au « problème de l'énergie propre » ; sans la médiation d'ONG du monde entier au sein des nombreux kiosques de l'espace Génération Climat sur le site du Bourget ou au Grand Palais de Paris ; ni sans l'implication de la Banque mondiale, qui a invité quelque 1 000 entreprises à soutenir une déclaration pour des signaux prix carbone.

La COP21 me semble être une des premières expériences de diplomatie ouverte de l'Histoire, portée par une immense poussée de sève venue de la société – et catalysée par la mobilisation des nouvelles technologies de l'information et de la communication, en particulier des réseaux sociaux. Sous cette pression générale, l'élan était plus difficile à casser, l'échec des négociations devenait plus coûteux, les États étaient dos au mur : ils étaient dans l'obligation de s'engager. À travers cette dernière étape de la séquence extraordinaire de 2015, l'humanité est parvenue *à mettre en œuvre un mode de coopération efficace entre toutes les voix qui avaient des choses à dire, sans ignorer personne et sans produire un document totalement vain.* S'il ne faut pas nier les difficultés qui subsistent, ce simple constat suscite en moi beaucoup d'espoir.

Financer autrement le développement : l'expérimentation d'un sursaut

La conférence d'Addis-Abeba a contribué elle aussi à inaugurer une nouvelle ère de coopération, en consacrant une approche inédite du financement du développement, basée sur un partenariat global.

L'approche n'était en réalité pas si nouvelle, mais elle n'avait sans doute pas suscité jusque-là l'intérêt attendu. C'est ce que nous notions dès 2004 dans notre ouvrage sur l'eau : « Le partenariat est l'apport conceptuel majeur, accueilli malheureusement dans le scepticisme et l'indifférence, de la conférence des Nations unies à Monterrey sur le "financement du développement"[64]. » Par partenariat, nous entendions un « dialogue d'égaux », exigeant « que nul ne se défausse de sa responsabilité sur l'autre », une « acceptation d'un cheminement commun sur les nouveaux sentiers de la mondialisation, avec tout ce que cela appelle d'attention au pas de l'autre[65]... » Une relation multidimensionnelle, étendue des États aux entreprises, aux institutions et à la société civile.

64. *Eau, op. cit.*, p. 107.
65. *Ibid.*

Le travail, dans le cadre des OMD, de notre groupe mondial « sur le financement des infrastructures de l'eau » fut à cet égard une illumination. La question qui nous était posée était claire : comment financer l'accès à l'eau potable et à l'assainissement des milliards d'êtres humains qui en sont privés ? En elle-même, cette question était déjà révolutionnaire : « Cela faisait trente ans que l'on s'interrogeait sur les priorités et les objectifs. Vingt ans aussi que l'on débattait de solutions techniques. Mais la question des moyens, celle de l'argent, n'avait pas été posée en termes aussi clairs avant ce jour de février 2002. Il s'agissait non plus d'être philosophe mais prosaïque. Le plus prosaïque possible[66]. » C'est ainsi que se sont réunis autour d'une même table vingt hommes et femmes venus des horizons les plus divers : « Ils sont industriels, représentants d'organisations non gouvernementales, banquiers privés ou publics, spécialistes du développement, hommes politiques. Ils n'ont d'autre légitimité que leur compétence et leur bonne volonté[67]. » Les premières réunions confrontent les positions et les intérêts les plus divergents[68], instaurent

66. *Ibid.*, p. 139-140.
67. *Ibid.*, p. 140.
68. Cf. *Ibid.*, p. 140-141 : « On soupçonne les industriels de ne rechercher que le profit de court terme et d'exploiter les plus pauvres en leur faisant payer trop cher une eau dont ils rêveraient qu'elle devienne entièrement "privée". Les ONG seraient des empêcheurs de faire des affaires en rond. [...] Les banquiers privés, naturellement sans cœur, en refusant de prêter davantage d'argent aux pays émergents et en développement et aux projets qui pourraient s'y développer, ont enrayé la machine. [...] Les agences de développement et autres banquiers publics sont mal à l'aise. D'une part, ils sont en première ligne quand il s'agit de financer des infrastructures pour le développement. À eux le beau rôle, donc. D'autre part, force est de reconnaître que leurs contributions n'ont cessé de décliner depuis des années. [...] Les politiques enfin sont évidemment responsables, ou plutôt irresponsables car ce sont eux qui, n'ayant jamais fait de l'eau leur priorité, sont à l'origine de notre situation catastrophique. »

le doute : « nul ne parierait grand-chose sur la capacité de ces vingt bonnes volontés, aussi bien inspirées soient-elles, à parvenir à un consensus dynamique et non s'en remettre au robinet d'eau tiède[69]... » Et pourtant, « l'inattendu s'est produit. Les membres de ce groupe qui ne comptait dans ses rangs ni doux rêveurs ni idéalistes mais des hommes d'expérience [...] se sont progressivement dépouillés de leurs personnages pour ne plus réagir qu'en hommes libres[70]. » À l'issue de quinze mois de discussions, le groupe des « sages » est parvenu à mettre plus de quatre-vingts mesures sur la table, dont certaines entièrement novatrices mais à portée de main. Au cœur de ce projet, techniquement et financièrement réalisable, une idée simple : « Avant d'être un problème de ressources financières, le problème de l'eau est d'abord une question de bonne gouvernance, de coordination et de mobilisation de tous les acteurs au sein d'une chaîne complexe d'intervenants[71]. »

J'ai tiré de cette expérience prémonitoire, enrichie par celle du rapport Landau qui a suivi[72], une de mes plus intimes convictions : quand, de bonne foi, on accepte de se mettre autour de la table, quand on est capable de reconnaître ses différences et d'en faire sens, il est possible de les dépasser pour résoudre ensemble les questions les plus complexes, concernant les sujets les plus vitaux pour l'humanité.

L'année 2015 a été l'occasion de ressusciter cette logique partenariale pour tenter de trouver des solutions

69. *Ibid.*, p. 141.
70. *Ibid.*, p. 8.
71. *Ibid.*, p. 9.
72. Voir chapitres VII et IX.

pragmatiques au financement des ODD. C'est tout l'esprit du rapport *From Billions to Trillions* que j'ai initié. Quand on a en tête que tous les investisseurs du monde réunis gèrent 70 000 milliards de dollars, soit à peu près, en nominal, le PNB cumulé de la planète, pour atteindre 100 000 milliards de dollars en 2020, on se dit qu'il y a forcément des solutions pour financer le développement durable, et que ces solutions ne se résument pas à l'aide publique au développement (APD). Cela implique bien plutôt de sortir des sentiers battus : de mobiliser toutes les forces disponibles, de mettre en contact les acteurs les plus divers, de les inciter à collaborer au sein des mêmes projets ; d'utiliser aussi le système financier (ses outils et ses institutions) comme un catalyseur. D'un raisonnement étatique et bilatéral, il est indispensable aujourd'hui de passer à un raisonnement partenarial, en apprenant à mieux articuler l'argent public et l'argent privé, ainsi que les ressources nationales et internationales.

Des déclarations de principe aux actes : les tâtonnements de la transition culturelle

Cette révolution des mentalités n'a évidemment rien d'acquis. Si nous avons, en 2015, su trouver les mots pour expliquer l'intérêt à travailler ensemble, si nous avons su les inscrire dans des rapports et, mieux encore, des accords internationaux, il serait prématuré de penser que le système est prêt à agir selon ce nouveau *modus operandi*.

Entre l'ancien et le nouveau logiciel, la transition s'annonce longue. J'en veux pour preuve les tensions personnelles que j'ai pu vivre, durant la préparation de ces réunions au sommet, entre la force des évidences et la lourdeur des processus internationaux. De fait, la mobilisation citoyenne et partenariale a un côté très déstabilisant pour le diplomate traditionnel, habitué aux protocoles réglés au millimètre : comment gérer des consultations qui partent dans tous les sens, comment se comprendre quand on parle non plus quelques grandes langues, mais des dizaines de langages différents ? Comment œuvrer ensemble quand on n'a pas le même rapport au temps, à l'espace d'action ? Et comment parler argent privé à un secteur public qui manie bien les formules, mais pas forcément la prosaïque réalité ? D'autant que, si les États peuvent dire à leurs administrations combien ils entendent mobiliser d'argent public, personne n'a le pouvoir d'instruire le secteur privé[73]. Entre les deux secteurs, la suspicion est tenace et réciproque. La lever demandera du temps. L'avons-nous ?

Tel est bien le défi qui se pose à nous aujourd'hui : après le sentiment du devoir accompli en 2015, comment éviter, en 2016, un réveil douloureux ? Comment passer des belles promesses aux actes ? Comment faire en sorte que les engagements d'une année exceptionnelle prennent corps et ne restent pas des vœux pieux ?

Certes, un grand pas a été fait en parvenant à ne pas tuer l'espoir de l'an 2000 mais à l'actualiser, à en accroître même l'ambition. Reste que l'Agenda 2030 pour le développement durable forme un document peu digeste, avec ses 17 objectifs et ses 169 cibles – que je défie quiconque

73. C'est bien actuellement une des difficultés du Pacte de compétitivité en France.

de réciter dans l'ordre ou même dans le désordre ! Tels sont les compromis bureaucratiques : il a fallu faire plaisir à tout le monde. Le talent désormais requis pour concrétiser ces engagements va être avant tout de savoir les expliquer ! Avant que ces textes ne changent la vie quotidienne des populations, notamment celle des plus pauvres de la planète, des efforts importants vont devoir être consentis.

D'autant que les ODD ne sont pas juridiquement contraignants : il est attendu des gouvernements qu'ils prennent les choses en main et mettent en place des cadres nationaux pour les atteindre, ainsi qu'un suivi et un examen régionaux pour en mesurer les progrès. De même, l'adoption de l'accord sur le climat à Paris, qui a mis fin à vingt ans de négociations laborieuses, ne veut pas dire que les parties adhèrent automatiquement à l'accord : celui-ci n'entrera en vigueur qu'une fois ratifié par 55 pays (représentant 55 % des émissions de gaz à effet de serre). Au geste politique de la signature doit donc succéder la démarche juridique de la ratification, puis la mise en œuvre des mesures en tant que telles – si tant est qu'on trouve le moyen de les financer.

C'est en ce sens que 2015 sera peut-être une année historique, mais que cela n'est pas encore certain. N'oublions pas que les élans collectifs sont fugaces, qu'ils retombent vite, parfois plus vite qu'ils ne sont nés. Que reste-t-il en France, par exemple, de l'esprit du 11 Janvier ? Et que reste-t-il de l'émoi suscité en Europe par la photographie du corps sans vie du petit Aylan, échoué sur une plage de Turquie ? L'humanité balance constamment entre ces moments d'émotion et de symbole qui l'unissent, et la tentation de la peur et du repli. Quand on songe aux réactions à chaud après les attentats de Nice, on se dit qu'il est loin, le temps de l'unité nationale... Espérons que l'année 2016 ne fasse pas basculer définitivement l'humanité du mauvais côté.

CHAPITRE IV

2016, grande peur II : le réveil des forces centrifuges

Aussi enthousiasmante ait pu être l'année 2015, aussi inquiétante 2016 est-elle en train de s'affirmer. Après le grand espoir suscité par l'union des hommes autour d'objectifs partagés et ambitieux, les forces centrifuges retenues en lisière se sont réveillées. Les tensions de toute nature, plus ou moins contenues jusque-là, rouvrent des lignes de fracture anciennes, en suscitent de nouvelles. Nul ne semble épargné. Incertitudes économiques, géopolitiques, politiques, sociales, culturelles : anémie de la croissance, guerres multiformes, crise de l'Europe, menaces terroriste, populiste, climatique, numérique, drame des réfugiés... La peur – de l'inconnu, de l'incertain, du nouveau – va-t-elle nous emporter ?

La gueule de bois économique

La chronologie des quinze dernières années est allée de rebondissements en surprises. Certains ont été positifs. À commencer par l'intégration de la Chine dans le commerce international, avec son entrée dans l'Organisation mondiale du commerce (OMC) et la dynamique vertueuse d'un modèle basé sur la production et l'exportation à bas prix, les dépenses publiques et le maintien du cours du yuan à un niveau artificiellement bas[74]. Tout le monde y trouvait son compte : le consommateur européen ou américain pouvait accéder à des produits moins chers, quand les fournisseurs de matières premières, de biens et de services à haute valeur ajoutée pouvaient écouler au prix fort leurs produits sur le marché chinois. Pendant ce temps, la Chine réalisait un bond économique extraordinaire, jusqu'à devenir la première puissance mondiale[75], et constituait les plus importantes réserves de devises étrangères de la planète. On ne rappellera jamais assez que c'est le géant asiatique qui a sauvé le monde de la faillite en 2008-2009, en relançant l'économie globale.

On savait que cette dynamique, reposant sur un modèle créateur dans la durée de profonds déséquilibres, ne pouvait pas durer éternellement. En fait, nous sortons d'une coïncidence historique qui a vu converger trois mouvements : le rattrapage de la Chine, le « supercycle » des matières premières et la conduite de politiques monétaires non conventionnelles aux États-Unis.

Le ralentissement de la croissance chinoise de deux à un chiffre n'est rien d'autre qu'un retour à une forme de normalité. Bienvenue, cette normalisation n'en est pas moins effrayante pour tous ceux qui avaient misé sur le potentiel des marchés émergents : ces derniers, Chine en tête, ont tout de même contribué à 60 % de la croissance

74. Cette forte régulation monétaire se traduit par un régime des changes semi-flottant et un taux pivot (qui a été déprécié en août 2015) autour duquel le yuan peut évoluer dans un périmètre de +/– 2 %.
75. Voir chapitre I.

mondiale des dix dernières années et évité la dépression en 2009 ! L'effondrement à l'été 2015 des marchés boursiers de Shanghai et Shenzhen, portés jusque-là par l'afflux de l'épargne individuelle chinoise, a été une confirmation de ce brusque retour à la normale. Avant toute chose, le ralentissement de la croissance chinoise révèle le nouveau poids de cette économie dans la mondialisation. La décision mal communiquée de déprécier le yuan à l'été 2015 a contribué aux turbulences boursières en focalisant pendant plusieurs mois les attentions et en suscitant le doute sur la qualité de l'appareil statistique chinois. Elle a aussi illustré les incertitudes des acteurs : alors que jusque-là, tout ce que faisait le leadership chinois était considéré avec bienveillance et admiration, brusquement tout est devenu sujet à caution et a entraîné de la défiance... D'autant que la transformation en cours du modèle chinois vers une production à plus forte valeur ajoutée, davantage tournée vers la consommation domestique et les services, s'annonce lente et incertaine. Comme le déclarait récemment Mohamed El-Erian, conseiller économique en chef d'Allianz et président du Conseil pour le développement global de Barack Obama, « les soubresauts qui accompagneront cette transition donneront régulièrement des sueurs froides au reste de la planète[76] ». En se normalisant, la Chine est pleinement entrée dans une mondialisation imparfaitement modélisée. Quand, en 1997, la crise asiatique éclatait, la croissance en Europe et aux États-Unis n'avait pas été trop impactée. En 2015,

76. http://www.lemonde.fr/economie/article/2016/01/14/les-gouvernements-doivent-agir-pour-restaurer-la-croissance_4846974_3234.html

il faut ajuster le modèle : ce ne sont plus 10 % du PNB mondial, mais près de 25 % qui tremblent et inquiètent.

Ensuite, on assiste à la fin du « supercycle » des matières premières. Avec une croissance ininterrompue à plus de 10 % durant trente ans, la Chine est devenue le premier consommateur mondial et le principal importateur sur la majorité des marchés de matières premières (agricoles, minérales ou énergétiques) : en 2015, elle représentait encore plus de 50 % de la consommation mondiale d'aluminium, 50 % de celle de charbon et de nickel, 30 % de celle de coton et de riz, ou encore 12 % de la consommation de pétrole[77]. La décélération de l'activité économique chinoise, entérinée par l'affaissement des marchés boursiers et couplée à la dévaluation du yuan, le tout dans un contexte de croissance mondiale décevante, a engendré ces dernières années un effondrement des cours des matières premières, précipité en 2015 : celles-ci ont perdu 40 à 60 % de leur valeur en un an, malgré un début de rebond au premier semestre 2016. C'est un vrai choc pour l'économie mondiale. Choc positif pour les importateurs comme l'Union européenne ou l'Inde ; choc négatif et concentré pour les exportateurs, en particulier dans les pays émergents.

Troisième tendance dont 2015 a peut-être sonné le glas[78] : la politique monétaire mise en œuvre par la Réserve

---

77. http://www.iris-france.org/70347-fin-de-cycle-sur-les-marches-de-matieres-premieres-un-nouveau-paradigme-economique-et-geopolitique/
78. Les incertitudes de 2016 ont manifestement influé sur la volonté de la Réserve fédérale d'augmenter ses taux à intervalle régulier, ajoutant par là même une nouvelle incertitude à toutes les autres.

fédérale américaine, imitée par les autres grandes banques centrales, qui a abouti à un environnement de taux très bas et de crédit beaucoup plus facile (nous allons revenir sur ce point).

On savait très bien que cette séquence extraordinaire ne pouvait pas durer. Mais nous ne nous étions pas préparés à devoir renoncer au cocktail vitaminé, pas plus qu'à voir l'ensemble de ces phénomènes s'interrompre en même temps !... D'un coup, les marchés ont perdu tous leurs repères. La perfusion avait du bon, son arrêt est vertigineux.

Les territoires inconnus de la finance

Les marchés sont d'autant plus déboussolés que la finance mondiale est toujours en convalescence, et qu'elle s'est installée depuis quelques années dans des territoires inconnus – « *uncharted territories* », comme je l'ai souvent entendu dans les réunions internationales – dont on ignore les tenants et les aboutissants. C'est là une des conséquences les plus insidieuses de la crise de 2007-2008 : pour réanimer une croissance mondiale anémique, le système financier s'en est remis totalement aux banques centrales, qui n'ont jamais aussi bien porté leur nom. « Que va dire la Fed ? la BCE ? la Banque du Japon ? la Banque d'Angleterre ?... » Le monde entier attend tout désormais de ces institutions financières missionnées par les États – mais au quotidien juridiquement indépendantes – qui, pour stopper les dégâts de l'immense incendie qu'a représenté la crise, ont arrosé la planète de liquidités. Nous avons à peu près éteint l'incendie, mais nous n'avons toujours pas réparé les dégâts des eaux. La maison a tenu mais les fondations sont fragiles et les murs lézardés. Plutôt que de mettre en œuvre des réformes structurelles, les gouvernements ont laissé prospérer des politiques monétaires non conventionnelles, conçues comme provisoires, plaçant de fait les banques centrales chaque jour davantage au centre du jeu : « *only game in town* », comme le rappelle le titre du dernier livre de Mohamed El-Erian[79]...

Ainsi des taux d'intérêt très faibles, voire négatifs : quelque 10 000 milliards de dollars d'obligations d'État sont aujourd'hui concernés. Ce phénomène est très nouveau dans le monde de la finance : hormis une brève expérience à Hong Kong dans les années 1980, on n'avait jamais abaissé les taux au point de demander aux banques commerciales de payer les banques centrales pour y déposer leurs réserves, au lieu d'être rémunérées pour ces dépôts. Cette pratique de refinancement de court terme est complétée par une pratique de long terme appelée *Quantitative Easing*, initiée par la Fed, qui s'est vue imitée ensuite par les autres banques centrales : il s'agit d'acheter en masse des obligations (souveraines, d'État ou même d'entreprise) pour influer sur le marché, faire baisser les taux d'intérêt à terme et peser ainsi sur l'ensemble de la courbe des taux, permettant de soutenir la demande *via* un crédit à meilleur marché et un effet richesse...

De ce point de vue, le monde est encore aujourd'hui sous perfusion. Et le remède pourrait s'avérer nocif s'il

---

79. Mohamed El-Erian, *The Only Game in Town: Central Banks, Instability, and Avoiding the Next Collapse*, Random House, janvier 2016.

est administré trop longtemps. C'est toute la thèse développée par Mohamed El-Erian : selon cet économiste, l'anémie de la croissance mondiale pourrait bientôt se muer en récession économique, avec les troubles sociaux qui vont avec, si les dirigeants politiques ne réagissent pas rapidement. Pour d'autres, tant que la croissance mondiale est maintenue autour de 3 % grâce à l'injection monétaire, le système tiendra. Adam Posen estime ainsi que le monde a, pour la première fois depuis longtemps, trouvé un rythme de croissance durable, favorisant une lente mais sûre reprise économique[80].

En fait, les experts ne sont pas tous d'accord sur la direction dans laquelle nous allons. Après la démultiplication phénoménale des richesses du monde durant deux siècles, sous l'effet de la révolution industrielle, est-on entré dans une phase de « *new mediocre* » (pour reprendre le concept avancé par Christine Lagarde, directrice générale du FMI : une nouvelle version du « *new normal* » de Mohamed El-Erian), ou bien dans une phase de « *secular stagnation* » (selon Larry Summers) ? Dans une passionnante conférence donnée en mai 2016 au Peterson Institute[81], David Lipton, numéro 2 du FMI, résume bien les deux grandes théories qui s'affrontent aujourd'hui. D'un côté, on a ceux qui considèrent que le ralentissement actuel est l'effet d'une crise que nous n'avons pas fini de purger : ajustements tardifs de la dette,

---

80. http://www.ft.com/intl/cms/s/2/59f52d3c-fb50-11e5-8f41-df5bda8beb40.html#axzz4A8lcZKZc
81. David Lipton, « *Can Globalization Still Deliver? The Challenge of Convergence in the XXIst Century* », Sixteen Annual Stávros Niárchos Foundation Lecture at the Peterson Institute for International Economics, 24 mai 2016.

persistance des surcapacités de production, divergences sur les politiques monétaires, effets pervers des cures d'austérité, découragement de l'investissement et de la consommation… En face, il y a ceux qui estiment que la faible croissance est le symptôme d'une raréfaction des investissements rentables qui a commencé bien avant la crise de 2008, avec des taux d'intérêt en baisse depuis quinze ans tandis que l'épargne a grossi : c'est la théorie de Larry Summers, qui prédit une stagnation séculaire de longue durée.

Quoi qu'il en soit, comment, dans ces conditions, trouver l'équilibre au bon niveau entre investissement et épargne ? Comment compenser la faiblesse sous-jacente des marchés du travail dans les économies avancées avec une croissance en baisse de la population active et de la productivité ? Comment réorienter les politiques monétaires quand on sait que le monde croule sous les dettes ? Comment assurer la convergence des pays émergents dont on pensait qu'ils seraient un réservoir de croissance pour le monde, et dont le rythme de rattrapage, selon les prévisions à moyen terme du FMI, a été ramené aux deux tiers du rythme prévu il y a dix ans ?

Comme le rappelle David Lipton, le modèle économique que les experts et les décideurs ont appris durant leurs études dans les années 1970 – une mondialisation promise à un brillant avenir, puisque synonyme d'ouverture du commerce, d'intégration de l'investissement direct étranger, de convergence grâce à l'accumulation de capital, à l'effort d'éducation et à une meilleure efficacité productive permise par la technologie – ne fonctionne plus. Les tensions politiques actuelles au Brésil, en Russie, au Mexique ou encore en Afrique du Sud sont le reflet de la déception populaire face à une convergence qui peine à se réaliser. David Lipton parle ici de « phénomène contre-intuitif ». Le fait est que la mondialisation, face aux transformations multiples des dernières années, vit actuellement une phase compliquée de réajustement des modèles et des raisonnements. Il n'est pas anodin que les prévisions annuelles du FMI, de la Banque mondiale et de l'OCDE soient régulièrement remises en question et revues à la baisse...

Une chose est sûre toutefois : pour beaucoup, l'avenir de la mondialisation s'est assombri. La crainte de la volatilité des marchés l'emporte sur les gains à tirer de l'interconnexion financière. En 2016, l'économie mondiale a atteint un point de risque critique, de nature à exacerber la frilosité et les tensions.

Le fracas géopolitique

Le contexte géopolitique, par ailleurs, n'a jamais été aussi tendu. Le monde connaît actuellement une instabilité à son plus haut niveau depuis plusieurs décennies, probablement depuis la crise des missiles de Cuba en 1962. Selon le Conflict Data Program de l'université d'Uppsala, les conflits armés sont revenus à des niveaux records depuis la fin de la guerre froide, 2014 s'avérant même de ce point de vue la deuxième année la plus meurtrière, à l'échelle mondiale, depuis la Seconde Guerre mondiale[82].

---

82. http://ucdp.uu.se/

La crise géopolitique actuelle n'est heureusement pas globale, mais elle se traduit par de nombreux foyers de tensions répartis sur les cinq continents. Le Moyen-Orient est déchiré par les conflits inter- et intra-étatiques, dans un contexte de défaillance de certains États. L'Ukraine et la Russie s'affrontent jusque sur la scène de l'Eurovision. Les États-Unis et la Chine s'opposent sur la question stratégique de la mer de Chine méridionale, où se défient plus ou moins pacifiquement tous les riverains. Les économies émergentes reprochent aux économies avancées leur mainmise sur la finance internationale. La Corée du Nord inquiète avec sa politique d'expansion nucléaire. L'existence d'une série de poudrières au Sahel fait craindre l'émergence d'un nouvel Afghanistan, qui fait parler de lui tous les jours depuis trente-sept ans sans qu'on soit parvenu à le stabiliser, ni géopolitiquement ni économiquement. Sans compter la persistance de conflits dans la Corne de l'Afrique et l'aggravation de la situation sécuritaire en Afrique de l'Ouest, ou encore la déstabilisation du Venezuela ainsi que d'un certain nombre de pays dépendant de leurs exportations pétrolières...

Les tensions sont exacerbées, en effet, par les difficultés que rencontrent actuellement les pays exportateurs de pétrole. Si le choc pétrolier reste une relativement bonne nouvelle pour les pays importateurs[83], la chute des cours du pétrole, combinée à l'affaissement des cours des autres matières premières, a un impact démultiplié sur les zones

83. Relativement, car, en première analyse, la baisse du prix de l'essence stimule moins la croissance que d'habitude, une partie du gain réalisé étant épargnée par des consommateurs plus prudents.

où la stabilité géopolitique est étroitement liée à la santé économique. Le Moyen-Orient est un cas d'école, où la concentration de difficultés vient fragiliser un peu plus encore l'Irak et la Syrie, coincés entre les quatre grands acteurs que sont l'Égypte, l'Iran, l'Arabie saoudite et la Turquie. Les décisions prises par le royaume saoudien depuis quelques mois en matière économique et sociale témoignent de la profondeur et de l'ampleur du bouleversement comme des ajustements nécessaires. Même si nombreux sont ceux qui doutent de la capacité de ce pays à mettre en œuvre les ambitions affichées, il est dorénavant admis que le *statu quo* est juste intenable. La crise pétrolière introduit une confusion supplémentaire dans des pays de poids comme la Russie, qui pâtit en outre des sanctions internationales liées à la crise en Ukraine, ou le Brésil déchiré par une crise politique majeure, ainsi que dans les pays très dépendants de l'or noir comme le Nigéria, l'Angola, l'Algérie ou le Venezuela.

La déferlante terroriste actuelle représente un autre facteur aggravant. Kaboul, Bagdad, Sanaa, Toulouse, Djakarta, Ankara, Bruxelles, Paris, Copenhague, Tunis, Beyrouth, San Bernardino, Sousse, Bamako, Ouagadougou, Grand-Bassam, Lahore, Orlando, Istanbul, Nice[84]... La liste ne cesse de s'allonger et la violence aveugle de franchir des degrés dans l'indicible, l'horreur. Plus aucune région du monde ne semble à l'abri désormais. Non seulement cette vague d'attentats alimente la défiance et la

84. http://tempsreel.nouvelobs.com/monde/20160121.OBS3133/infographie-le-nombre-d-attentats-flambe-t-il-dans-le-monde-depuis-2015.html

peur au sein de l'humanité, mais elle vient peser sur le contrôle des frontières et des flux financiers internationaux – autant de sujets de débats et de crispations entre les pays du monde.

La crise que traverse aujourd'hui l'Europe est le triste résultat de cette convergence de tensions économiques et géopolitiques. Remise en cause de l'espace Schengen, choc du Brexit, impuissance à proposer une réponse politique coordonnée à la crise des réfugiés... La stabilité de l'Union européenne n'a jamais été aussi gravement compromise, alors que s'ancre une opinion de plus en plus nationaliste, prompte à mettre des partis d'extrême droite aux portes du pouvoir. La rupture s'est jouée en réalité dès la crise de l'euro : après une première alerte lors de l'échec des référendums de 2005 en France et aux Pays-Bas, la tempête financière puis économique de 2008-2011 a durablement atteint la confiance des populations européennes dans un système jugé opaque, injuste et non démocratique. Pire, elle a rouvert les fractures anciennes entre les membres de l'Union. Moi qui suis alsacien, qui ai toujours entendu mon grand-père expliquer que le Rhin n'était pas une frontière mais un passage, qui ai grandi en pleine concrétisation du rêve d'une « union sans cesse plus étroite des peuples », j'ai été consterné d'entendre les Allemands lancer aux Grecs qu'ils n'avaient qu'à vendre leurs îles pour éponger leurs dettes, et les Grecs répondre qu'ils n'avaient pas de leçons à prendre de ceux qui avaient mis le drapeau nazi sur l'Acropole... Quand j'ai eu la douleur d'entendre les marchés traiter de « *PIIGS* » (Portugal, Irlande, Italie, Grèce, Espagne) les pays périphériques de l'Europe, j'ai été tout aussi immensément attristé. D'autant que j'ai dû moi-même, dans certaines présentations aux investisseurs, utiliser cette référence... Après les tensions Nord-Sud autour de la crise de l'euro, la crise migratoire réveille des tensions inquiétantes entre l'Est et l'Ouest de l'Europe qui pourraient avoir raison de notre belle Union. La crise des réfugiés m'inquiète d'ailleurs davantage que la crise de l'euro : cette dernière est perçue comme une crise « technique » dont on trouvera, à coups de milliards, la solution – alors que le problème des réfugiés interroge nos valeurs communes. Qu'avons-nous à partager ? Cette question infiniment plus existentielle, qui touche à l'essentiel, sera beaucoup plus difficile à traiter.

Le monde en risque

À ces nombreuses sources d'inquiétude viennent s'ajouter les incertitudes tout aussi nombreuses liées au changement climatique, à la révolution numérique et au risque de pandémies.

Premier effet visible de l'impact des activités humaines sur le climat, les conditions de température extrêmes commencent à exacerber l'instabilité dans les zones déjà stressées par la faible croissance économique et, dans de nombreux cas, les tensions géopolitiques : ainsi du Nigéria, de la Syrie et du Yémen en particulier. Au-delà de l'aspect géopolitique, nous savons que c'est sur le développement des régions les plus pauvres, à commencer par l'Afrique subsaharienne, que l'impact du réchauffement climatique sera le plus fort et le plus désastreux au cours des prochaines années. Le rapport publié par la Banque mondiale fin 2014, *Baissons la chaleur. Face à la nouvelle norme climatique*[85], s'est voulu sans équivoque à cet égard : un réchauffement de près de 1,5 °C par rapport à l'ère préindustrielle est déjà à l'œuvre dans le système atmosphérique terrestre et devrait se produire d'ici au milieu du siècle ; même en menant aujourd'hui une action d'atténuation très ambitieuse, on ne pourra rien y changer. Au cours des douze derniers mois, a ainsi alerté l'ONU en avril 2016[86], le monde a vu doubler le nombre de sécheresses (déclenchées en partie par le courant chaud équatorial El Niño), menaçant la sécurité alimentaire de 100 millions de personnes. Ce phénomène climatique provoque également un dépérissement des coraux, avec de graves conséquences sur l'écosystème marin. Les dégâts qui ont touché ces dernières années l'Ouest et le Sud de la France nous rappellent que le monde entier est concerné par ces catastrophes. L'élévation du niveau des mers aurait par exemple un impact sévère au Maroc, où plus de 60 % de la population et plus de 90 % des entreprises sont situées dans les principales villes côtières. Nous qui ne savons pas aujourd'hui gérer la crise des réfugiés syriens, devrons probablement faire face à des migrations de populations autrement plus massives dans les décennies à venir.

Ces perspectives paraissent d'autant plus sombres que l'accord de Paris sur le climat, aussi ambitieux et nécessaire soit-il, ne constitue qu'une première étape encore insuffisante pour limiter efficacement ces effets. Comme l'a rappelé l'ONU à la veille de la signature de l'accord, « il

---

85. http://www.banquemondiale.org/fr/news/feature/2014/11/23/climate-report-finds-temperature-rise-locked-in-risks-rising
86. http://www.un.org/apps/newsFr/storyF.asp?NewsID=37072#.V0LVFlmMfoc

existe un danger réel que nous soyons dépassés par l'augmentation rapide du rythme du réchauffement climatique, à moins que les signataires n'augmentent significativement leurs engagements de réduction des émissions de gaz à effet de serre »; concrètement, « le monde a besoin de prendre position dès maintenant pour une transition rapide des combustibles fossiles au profit de sources d'énergie renouvelables »[87]. Sans cela, le monde va subir des crises humanitaires à répétition et des pertes économiques colossales, avec des conséquences géopolitiques qu'on a encore aujourd'hui du mal à imaginer. Il n'est pas anodin que la politique étrangère de Barack Obama fasse, de fait, beaucoup moins de cas de la crise en Syrie que du changement climatique, eu égard à leur impact potentiel sur la sécurité américaine.

Autre grande lame de fond de la mondialisation contemporaine, la révolution numérique suscite autant d'interrogations que d'espoirs. L'ubérisation et la robotisation de la planète vont-elles emporter nos données, nos vies privées, nos emplois, nos souverainetés nationales ? Dans leur ambition de se substituer aux États dans tous les domaines, les Google, Apple, Facebook, Amazon (GAFA) et autres géants du Web vont-ils standardiser le monde en même temps que déstabiliser les institutions les plus fragiles, aggraver l'individualisme et creuser les écarts de richesse ? La Silicon Valley va-t-elle devenir le cœur d'un nouvel empire, ou saura-t-on trouver les voies et moyens d'un monde équitablement connecté ? Comme la finance,

---

87. http://www.un.org/apps/newsFr/storyF.asp?NewsID=37072#.V0LVFlmMfoc

le numérique est une force aveugle qui, non domestiquée, peut mener l'humanité à sa perte. Comme le langage financier, le langage binaire peut conduire à l'*hubris* (ou l'UBeRis, serait-il d'actualité d'écrire !) : à l'orgueil des peuples qui construisent une tour de Babel montant au ciel ! Les « organisations exponentielles » qui façonnent aujourd'hui la mondialisation ont beau nous promettre une révolution libératrice, pacifique et visant le bien de tous, les questions soulevées par leur poids vertigineux dans l'économie globale sont multiples. Elles font d'autant plus peur dans des pays qui, comme la France et, plus largement, l'Europe, hormis quelques licornes scandinaves, n'ont pas encore su créer, malgré le fourmillement des initiatives, de champion numérique à même de rivaliser.

Dans notre monde de plus en plus connecté, le risque d'une pandémie, enfin, n'a jamais été aussi grand. Depuis 2000, ce risque s'est matérialisé de plus en plus fréquemment : E. Coli, vache folle, grippe aviaire, H1N1, Ebola, Zika, le Mers... Tous les trois ans désormais, une épidémie se déclenche dans une zone plus ou moins étendue de la planète. Or, s'il est une chose dont la communauté scientifique et les pouvoirs publics sont convaincus, c'est que ce phénomène va continuer et s'accélérer. Sans aller forcément jusqu'au scénario catastrophe d'une éradication de l'humanité, tel que le cinéma et la télévision en produisent régulièrement, on ne peut nier que la terre compte aujourd'hui près de 7,5 milliards d'habitants, que plus de la moitié de ces humains s'entassent dans des villes gigantesques, que la dominante carnivore de notre alimentation conduit à des concentrations animales également croissantes : autant de facteurs de développement de virus pathogènes qui, combinés à la multiplication continue des connexions aériennes et maritimes, rend de plus en plus probable le risque de voir apparaître une grande épidémie mondiale. On estime qu'une épidémie du type grippe espagnole, par propagation aérienne, tuerait aujourd'hui plus de 33 millions d'individus en 250 jours et coûterait au monde plus de 3 600 milliards de dollars (soit 4,8 % de son PIB).

Une frustration sociale sans précédent

Dans ce monde compliqué et instable où les risques se matérialisent à un intervalle toujours plus régulier, les peuples se sont rarement sentis aussi vulnérables. À travers la planète entière, un sentiment partagé de « non-durabilité » s'est développé. Le chemin actuel pris par la mondialisation paraît d'autant plus vertigineux à des pays comme la France qui ont pensé, voire façonné les mondialisations précédentes, et dont la population tremble à l'idée du déclin collectif comme du déclassement individuel.

Le monde ne s'est pourtant jamais aussi bien porté ! L'humanité n'a jamais été aussi riche, elle n'a jamais autant produit, autant consommé, autant investi[88]. Mais cette société d'abondance inouïe n'est pas une société d'abondance partagée : les inégalités ont beau s'être réduites entre les pays, au sein même de certains pays, elles se sont clairement creusées. C'est particulièrement vrai pour les pays développés et certains pays émergents à forte croissance. La durée et le niveau de vie de la classe moyenne

88. Cf. Peter H. Diamandis, Steven Kotler, *Abundance: The Future Is Better Than You Think*, The Free Press, 2012.

ont été perturbés, la valeur des actifs a augmenté au profit des riches tandis que les salaires réels diminuaient. Or les inégalités des revenus, combinées aux inégalités de patrimoine et d'opportunité (celles qui empêchent d'exprimer et de révéler tout son potentiel par manque d'accès à l'éducation ou aux soins – c'est encore et toujours « Mozart qu'on assassine », selon la lumineuse formule de Saint-Exupéry), rendent la croissance instable et génèrent une immense frustration sociale.

Qu'il s'agisse du mouvement des Indignés en Europe, d'Occupy Wall Street aux États-Unis ou de Nuit debout en France, les mouvements de contestation populaire se multiplient. Ils rappellent à quel point certains n'ont plus confiance ni dans le capitalisme, ni dans leurs institutions (gouvernement, médias et sociétés) pour les protéger et construire un avenir à leur bénéfice. Au-delà, les succès électoraux de Donald Trump, Nigel Farage ou Marine Le Pen montrent que ces inquiétudes dépassent les manifestations visibles de quelques-uns pour revêtir un caractère plus général. Tel est, à mes yeux, le prix fort de la crise financière mondiale qui n'a pas encore été payé. Les citoyens ordinaires estiment s'être « fait avoir » : ils nourrissent une profonde rancœur à constater que l'économie de marché, que le système financier, que les « systèmes » tout court ne travaillent pas pour eux mais bénéficient seulement à quelques-uns – à commencer par les élites et les banquiers.

Cette crise de confiance s'est aggravée sous l'effet des récentes affaires déclenchées par les lanceurs d'alerte. Qu'il s'agisse de WikiLeaks, le site de diffusion de documents sensibles fondé par Julian Assange, des révélations d'Edward Snowden, l'ancien consultant pour la NSA, ou, plus récemment, des *Panama Papers*, qui détaillent les pratiques d'évasion fiscale de nombreuses personnalités du monde, la transparence accrue de notre monde contemporain, en même temps qu'elle permet de faire avancer nombre de dossiers épineux, donne aussi du grain à moudre aux partisans du « tous pourris » et des théories du complot[89]. Partout sur la planète, elles confortent le public dans le sentiment qu'on leur cache des choses, que les dés sont pipés, que les grands de ce monde se réservent la plus grosse part du gâteau – il est tout de même embarrassant que non seulement les « *usual suspects* » russes ou chinois, mais aussi les dirigeants de pays supposés « intègres », tels les Premiers ministres islandais et britannique, aient été mentionnés dans le scandale financier des *Panama Papers*... On ne peut ignorer, tout en le déplorant, la colère, le désenchantement, voire le dégoût des citoyens face à de tels événements.

La tentation du simplisme et du repli

Le problème est que devant cette suspicion généralisée, exacerbée par l'*empowerment* ou « capacitation », comme disent les Québécois, des individus et la croyance accrue dans la valeur égale de toutes les opinions, la légitimité des autorités traditionnelles est devenue extrêmement difficile – pour ne pas dire impossible – à asseoir.

À l'échelle de la France, de l'Europe comme de la planète, la défiance et la peur de l'inconnu prospèrent d'autant

89. Quand elle ne sert pas à des règlements de comptes personnels...

mieux que le leadership n'a jamais été aussi faible, voire tout à fait absent. Les États-Unis ne peuvent plus et ne veulent sans doute plus prétendre au rôle de « shérif » du monde, pas plus que les autres nations d'ailleurs, à une époque où personne ne peut plus agir seul, et se désengagent du Moyen-Orient. Le succès des thèses opposées à l'ouverture commerciale dans la campagne électorale américaine ouvre un cycle de repli sur soi. L'Europe ne parvient plus à répondre collectivement aux urgences du monde, faute d'être emmenée par un couple franco-allemand visionnaire et uni. Le gouvernement britannique n'a pas réussi à éviter le référendum sur le Brexit demandé par les souverainistes et a pris le risque d'ajouter de la crise à la crise – à jouer ainsi, il a perdu… L'Espagne est restée sans gouvernement pendant des mois. La Belgique a révélé la fragilité de ses fonctions régaliennes à travers la gestion des récents attentats. La Turquie voit ses divisions internes s'aggraver, depuis le putsch manqué du 16 juillet contre le président Erdogan. Le conflit russo-ukrainien s'enlise. La Somalie n'a toujours pas d'État. L'Irak, la Syrie et maintenant la Libye sont défiés par l'État islamique (EI) de l'intérieur. La Chine hésite à assumer sa part du leadership mondial… Nous pourrions poursuivre longtemps cette liste : quel qu'en soit le degré, la planète n'a jamais été confrontée à autant de crises d'autorité.

Il est vrai que le monde est aujourd'hui beaucoup plus compliqué à gouverner qu'il y a quinze ans : le temps du G7 est révolu où les puissances occidentales influençaient, voire dictaient l'agenda international ; désormais, le G20 étendu aux pays émergents rassemble des membres qui ne partagent ni les mêmes valeurs, ni les mêmes priorités.

Le monde n'est pas loin d'être celui du « G-Zero », comme l'écrivait en décembre dernier Ian Bremmer dans *Time*[90]. Pourtant, ces outils, aussi imparfaits soient-ils, sont indispensables. Nous ne pouvons prendre le risque de laisser la machine tourner à vide et prendre le dessus sur les hommes qui sont en responsabilités. Faisons des *leader summits* (« sommet des leaders ») de vrais *leadership summits* : trouvons les moyens de laisser ce leadership s'exprimer !

Car la situation actuelle représente un vrai danger pour les démocraties et pour le monde. La défaillance du leadership mondial, à un moment où le principe même de leadership est contesté, combinée aux frustrations sociales et à la peur de l'inconnu dans ce monde en transition qui paraît sens dessus dessous, crée un cocktail explosif qui alimente le succès des « *hope dealers* » – les vendeurs d'espoir – sur les « *reality checkers* » – les hérauts du retour à la réalité. Partout dans le monde, on assiste à une percée, quand ce n'est pas une montée lente mais sûre, des discours populistes et extrémistes qui livrent aux électeurs les réponses simplistes, « de bon sens », que ceux-ci veulent entendre. Qu'il s'agisse de Donald Trump ou de Bernie Sanders aux États-Unis, de Marine Le Pen en France, de Rodrigo Duterte aux Philippines, de Viktor Orbán en Hongrie, de Boris Johnson, l'ancien maire de Londres qui a fait campagne pour le Brexit, de Droit et Justice (PiS) en Pologne, du FPÖ en Autriche, d'Alternative für Deutschland (AfD) en Allemagne ou encore d'Aube dorée en Grèce, les adeptes plus ou moins radicaux, plus ou

90. http://time.com/4154044/geopolitics-2016/

moins xénophobes et soucieux de « dédiabolisation » du « y a qu'à, faut qu'on » sont de plus en plus plébiscités sur la planète. Quand les temps sont durs, quand la confiance est en berne, il est tellement plus facile de rejeter la faute sur les élites, les réfugiés, les musulmans, de proposer de sortir de l'Europe, de fermer ses frontières, de construire un mur et de se replier sur soi, que d'expliquer qu'il va falloir se retrousser les manches et faire des efforts pour travailler ensemble – parce que nous n'arriverons à rien tout seuls !...

Tant que nous ne saurons pas fournir aux populations des réponses satisfaisantes, compréhensibles et pédagogiques à la question centrale des frontières, nous ne pourrons pas remettre la mondialisation sur la bonne voie. Il est urgent de démontrer qu'on peut traiter par la coopération tout un ensemble de problèmes mondiaux, qui demandent de passer par-dessus les frontières tout en respectant ces mêmes frontières auxquelles les peuples sont attachés : l'économie, la finance, l'éducation, la santé, le climat, les migrations de populations... Tout le monde a besoin de se sentir chez soi quelque part, et en même temps le monde n'a jamais eu autant besoin de collaborer. Le « vieux monde », en particulier, celui-là même qui est si tenté aujourd'hui de se replier, n'a jamais eu autant besoin des populations d'ailleurs pour se renouveler. Comment faire face, à l'heure où celle qui offrait à l'humanité un modèle de coopération transnationale, l'Europe, est menacée d'imploser ?

La situation du monde en 2016 pose une autre question tout aussi fondamentale. Dans l'histoire des démocraties occidentales, qui ont façonné l'actuel système financier international, les Trente Glorieuses ont permis l'affirmation d'une classe moyenne devenue une colonne vertébrale de la démocratie. Quand cette classe moyenne est fragilisée, quand elle ne parvient plus à se représenter sa progression sociale, quand elle ne se sent plus représentée, c'est le cœur même de la démocratie qui est atteint. Face au ralentissement durable de la croissance économique mondiale et au développement des inégalités, face aux risques qui menacent le rêve d'une paix et d'une prospérité universelles, faudra-t-il conclure que l'émergence de cette classe moyenne n'a été qu'un accident de l'Histoire ? Cette frange de la population est-elle condamnée à décliner ? Avec son affaiblissement, les systèmes démocratiques sont-ils en danger ?

Ces questions cruciales ne sauraient être ignorées si l'on veut redonner du sens à nos modèles, non seulement économiques et financiers, mais aussi politiques, sociaux, culturels. Faute d'y apporter rapidement une réponse, les forces centrifuges qui balaient aujourd'hui le monde pourraient avoir raison du système que nous avons construit.

Pour autant, ne cédons pas aux sirènes pessimistes. Mon propos n'est pas ici d'ajouter une nouvelle page désespérée aux lamentations des Cassandre du monde, mais de souligner combien l'environnement actuel, avec ses tensions et ses effets pervers, avec ses taux d'intérêt négatifs, entretient ce biais cognitif qui nous porte à nous concentrer sur ce qui va mal plutôt que sur ce qui va bien, cette tentation irrésistible qu'a l'humanité de se donner des frissons, au point de laisser la peur s'imposer – alors même, nous le verrons, que nous avons les moyens de la surmonter. N'oublions pas le mot flamboyant de MacArthur à l'intention de la jeunesse : « Si un jour, votre cœur allait être mordu par le pessimisme et rongé par le cynisme, puisse Dieu avoir pitié de votre âme de vieillard[91]. »

91. Général Douglas MacArthur, *Être jeune*, 1945.

CHAPITRE V

Entre peur et espoir : *Match point* ? L'humanité à la croisée des chemins

« *Match point* », balle de match. On se rappelle la scène du film éponyme de Woody Allen (2005), où une balle de tennis frappe la bande du filet – arrêt sur image – et hésite entre les deux camps : selon le camp dans lequel elle retombe, l'un des joueurs perd et l'autre gagne... L'humanité ne serait-elle pas arrivée à ce point ? « Dans un décor mondial qui ne connaît aucun précédent historique, le futur proche est particulièrement indéchiffrable », ainsi que Michel Cicurel l'observait déjà... en 2007[92] ! En 2016 plus que jamais, « notre planète est sur le fil de bien des points de vue ». Entre la tentation de la peur et le courage de l'espoir, de quel côté du filet la balle retombera-t-elle ?

Ne pas laisser s'écrire la mauvaise histoire

La mondialisation est aujourd'hui à la croisée des chemins : elle peut encore conduire au pire ou contribuer au meilleur. À nous d'écrire la bonne histoire, et d'éviter que

92. Michel Cicurel, « La planète finance danse sur un fil », *La Tribune*, 30 janvier 2007.

ne s'écrive la mauvaise en optant pour la ligne de plus grande pente, celle qui nous entraîne naturellement.

Si nous laissons en effet l'histoire s'écrire toute seule, si nous laissons les forces en présence se déployer aveuglément, si nous abandonnons par faiblesse aux générations futures le soin de régler l'héritage que nous leur aurons donné, héritage dans lequel les passifs pourraient dépasser les actifs, ce sont les forces de dispersion qui, immanquablement, l'emporteront sur les forces d'unité. Avons-nous vraiment envie de rejouer, par ce renoncement des médiocres, le scénario des années 1930 ?

En laissant les tentations nationalistes, impérialistes, protectionnistes, régionalistes, individualistes se développer – en laissant chacun refermer ses frontières, colmater les brèches, se constituer des réserves monétaires et attendre que cela passe, selon la seule « stratégie de l'O-H-I-O » rappelée par David Lipton[93], cette vieille recette internationale du *Own House In Order* qui consiste à faire le ménage chacun chez soi en espérant que ça va aller mieux –, en laissant les Anglais faire cavalier seul en dehors de l'Europe et l'espace Schengen se désintégrer, en laissant Chine et Russie manœuvrer dans leurs zones d'influence, ou l'État islamique progresser, en laissant la planète se réchauffer, les GAFA s'approprier nos données, en laissant la Grèce s'anémier, les réfugiés se noyer, les pays les plus pauvres sombrer... bref, en renonçant à la coopération politique, économique et financière internationale, en coupant les uns après les autres les liens que nous avons

93. David Lipton, *op. cit.*

patiemment tissés, nous n'arriverons à rien d'autre qu'à faire retomber le monde dans un nouveau Moyen Âge.

Gardons en mémoire le célèbre avertissement de Churchill : « Un peuple qui oublie son passé se condamne à le revivre[94] »... Il ne faudrait pas que l'Europe gère la crise des réfugiés comme le fit l'Empire romain il y a un peu plus de seize siècles, face à l'afflux de ce qu'on appelait alors « les Barbares », ces populations repoussées vers l'ouest par les Huns, qu'on pourrait comparer à Daech aujourd'hui : l'empire repu, décadent, s'est effondré sous son propre poids parce qu'il n'a pas su trouver les moyens d'absorber intelligemment ces populations, de reconstruire le contrat social. Évoquant récemment ce rapprochement avec un Américain, celui-ci m'a répondu : s'il y a chez nous un problème « romain », c'est plutôt un problème d'avant l'Empire, du temps de la République, avec un sénat tout-puissant qui protège ses intérêts et un Jules César qui arrive et menace de tout renverser !... Le parallèle est excessif, mais intéressant.

De façon peut-être plus réaliste (quoique schématisée), le politologue américain Ian Bremmer, président de l'Eurasia Group, voit trois trajectoires possibles pour la mondialisation, dont deux ne sont guère réjouissantes. Selon une trajectoire « *top-down* » (un modèle oligarchique), le sommet musèle la base : la mondialisation ralentit, voire s'arrête pour une « sous-classe mondiale » (celle des citoyens jugés improductifs ou miséreux), sous l'effet des frontières réelles et virtuelles érigées par les États et les

94. Référence à la réflexion de Karl Marx : « Qui ignore l'Histoire est condamné à la revivre » (*Manifeste du Parti communiste*, 1847).

sociétés pour mettre ces citoyens au ban. Une évolution que je serais tenté de rapprocher de celle de l'Empire romain : *limes* aux frontières pour contenir les Barbares et *panem et circenses* à l'intérieur pour contenir la population ; cela a tenu quelques siècles, mais il est vrai que ni Twitter, ni Facebook n'existaient à cette époque... Selon une trajectoire « *bottom-up* » (un modèle révolutionnaire), la base prend le pouvoir sur le sommet : la mondialisation ralentit, voire s'arrête pour les riches, l'instabilité sociale se propage et les cyberattaques ainsi que la transparence forcée (entre autres réponses asymétriques) empêchent les institutions prises en otage de fonctionner efficacement. Cela ferait écho plutôt en ce cas à une évolution de type Révolution française et à une brutale abolition des privilèges.

Même si le futur optera sans doute pour une trajectoire moins rectiligne, ne croyons pas que ce genre de risques extrêmes ne se matérialise jamais. Telle fut l'erreur des acteurs de la finance en 2007, persuadés qu'une catastrophe financière n'arrivait que tous les cent ans, que donc une crise de ce genre n'arriverait pas (la dernière étant advenue en 1929...). Telle fut aussi l'erreur des humains qui s'étaient convaincus que les cygnes étaient forcément blancs, jusqu'à ce qu'on découvre en Australie des spécimens de couleur noire : dans sa « théorie du cygne noir[95] », Nassim Nicholas Taleb, grand spécialiste de l'épistémologie des probabilités, démontre à quel point les événements aléatoires et hautement improbables jalonnent notre vie. Qui aurait dit

---

95. Nassim Nicholas Taleb, *Le Cygne noir. La puissance de l'imprévisible* [*The Black Swan. The Impact of the highly improbable*], Random House, 2007, trad. Les Belles Lettres, 2010.

il y a encore trois ans que le conflit en Syrie allait produire ces millions de réfugiés, au point de mettre en péril l'Europe, et peut-être même la toute-puissante Angela Merkel ? Qui aurait prédit que David Cameron annoncerait la tenue d'un référendum sur le Brexit en pleine crise de terrorisme sur le sol européen[96] – qui aurait même parié, le soir du scrutin, que le « *Out* » allait finir par l'emporter le lendemain matin ?

Ne croyons pas non plus que les catastrophes n'arrivent qu'aux autres. Nous sommes tous embarqués sur la même planète : nous ne pouvons pas, du moins pas encore, nous désolidariser de cette sphère bleue immortalisée en 1972 par la NASA, qui, pour la première fois, captait la Terre dans son entier depuis l'espace, dans sa ronde finitude. Nos destins sont liés : si certains des risques entraînés par les forces centrifuges viennent à se matérialiser – risques géopolitique, économique, financier, climatique, pandémique ou numérique –, nous serons tous concernés. Nous ne pouvons pas échapper à la mondialisation : quelle que soit la trajectoire prise par cette dernière, nous n'aurons pas la possibilité de nous dérober.

Une autre trajectoire est cependant possible, baptisée par Bremmer « *condominium* », celle de la résidence en copropriété : sous pression, malgré les forces contraires du marché, les gouvernements (et les entreprises) remodèlent le contrat social pour atténuer les inégalités, permettre aux classes moyennes de retrouver leur place et leurs

96. Rappelons qu'en 1975 le Royaume-Uni avait fait campagne, lors du référendum pour rejoindre l'Union européenne, sur l'argument : « *We cannot get it alone in the world* »... L'argument vaut pourtant tellement plus encore en 2016 !

perspectives ; la mondialisation se poursuit sous sa forme actuelle, visant le bénéfice de tous, tout en s'adaptant à la localisation des chaînes d'approvisionnement. Ni empire expirant, ni révolution brutale, mais travaux sur l'immeuble : réparer l'ascenseur, éclairer l'escalier et organiser le dialogue entre les voisins.

Telle est une des versions de l'autre histoire que l'humanité a encore aujourd'hui la possibilité d'écrire : celle dont la table des matières a été définie en 2015, l'histoire d'une mondialisation domptée qui permet à tous les humains, sans exception, d'accéder à une vie meilleure. Évidemment, on ne parviendra jamais à atteindre tout à fait cet objectif, qui reste un idéal. Mais celui-ci doit nous animer d'une tension positive : il dessine une ligne asymptotique vers un monde plus heureux, vers l'entrée de l'humanité dans de nouvelles Lumières, une nouvelle Renaissance.

Ne nous voilons pas la face : écrire cette histoire-là demandera bien plus d'efforts. Autant la première, la mauvaise, s'écrira toute seule, autant la seconde exige du courage, de l'engagement, de la responsabilité, du leadership. Choisir le chemin de l'espoir impose avant tout de reconnaître que cela sera difficile.

Mais le jeu en vaut la chandelle. J'en veux pour preuve la leçon magnifique livrée en mai 2010 par Jacques de Chalendar[97], alors doyen de l'inspection générale des

97. Jacques de Chalendar (1920-2015) : chargé de mission auprès du directeur du Secours national pour la zone libre en 1942, membre des FFI en même temps qu'il intégrait l'inspection des Finances en 1944, inspecteur général à partir de 1973, il fut notamment directeur général adjoint de la Banque nationale pour

Finances (IGF), à l'occasion d'un repas que j'avais organisé au Crédit agricole. Autour de la table, un bel échantillon de l'élite administrative et économique française débattait sur la tournure de la crise grecque, alors à son premier apogée. Jusque-là peu disert, Jacques de Chalendar avait pris la parole à la fin du déjeuner : « Je suis entré dans l'administration pendant la Deuxième Guerre mondiale, à un moment où cela allait vraiment mal, où l'horizon ne pouvait pas être plus sombre : à cette époque, personne n'aurait pensé que la France connaîtrait par la suite ses plus belles années, avec les Trente Glorieuses. Vous qui êtes en charge aujourd'hui, plutôt que de vous lamenter, retroussez-vous les manches, travaillez à reconstruire votre pays ! » Ce témoignage m'a bouleversé. Il a agi sur moi comme une révélation salutaire, en remettant les choses en perspective : en tant que responsables, nous sommes tellement plongés dans l'immédiateté que nous avons tendance à survaloriser les mauvaises nouvelles et à passer outre les bonnes. Et si l'Europe, au lieu de baisser les bras, se disait qu'elle était à l'aube de ses plus belles années ? Ne serait-elle pas un peu plus courageuse ?

Aller vers son risque : le temps des opportunités

Nous avons le devoir de refuser le laisser-aller. Nous l'avons d'autant plus qu'une fenêtre d'opportunités s'est ouverte, et qu'il serait irresponsable de la rater.

le développement économique du Maroc (1959-1962), conseiller technique au cabinet d'Edgar Faure, ministre de l'Éducation nationale (1968-1969), puis président de l'Association pour le développement des échanges en technologies économique et financière (1984-1989).

Le moment est en effet historique. La crise financière et économique a laissé derrière elle un monde où la croissance stagne, où celle-ci ne retrouvera peut-être jamais le rythme des Trente Glorieuses ou de la « grande modération ». Un monde pourtant où les réservoirs de croissance existent toujours[98], que nous avons les moyens d'intégrer dans le système international. La démographie, en particulier, y reste une force majeure : ce sont 3 milliards d'êtres humains qui vont rejoindre la planète dans les années qui viennent. Dans ce monde que la crise nous a légué, les taux d'intérêt sont si bas que le système financier actuel ne rapporte plus. Les banques ont perdu leur domination au profit des investisseurs, qui géreront bientôt 100 000 milliards de dollars : indéniablement, ces acteurs ont un rôle à jouer sur les équilibres macroéconomiques. Ce même monde s'est doté, avec le G20, d'une institution de coopération unique, qui a su répondre en 2009 de façon historique à la crise financière mondiale.

Dans le même temps, nous venons de nous fixer pour les quinze prochaines années un programme en faveur du développement durable. Ces objectifs communs sont ambitieux et fragiles, mais ils sont là, entérinés par trois accords internationaux. Les débats et les nouvelles approches se multiplient sur l'idée d'une finance éthique, socialement responsable, capable de sortir de la dictature

98. Dans sa conférence donnée le 24 mai 2016 au Peterson Institute, David Lipton a rappelé combien la Chine, même si elle ne sera plus jamais dopée comme elle l'a été ces dernières années, a encore à apporter à l'économie mondiale : un pays de cette taille enregistrant une croissance de 5 % équivaut à « ajouter » une Pologne à la richesse mondiale. L'Inde représente également un énorme potentiel, de même qu'une dizaine de pays (tels le Vietnam, le Bangladesh, la Colombie, le Pérou ou encore l'Éthiopie).

des trimestriels et de penser le long terme, de diriger les investissements sur des projets viables, porteurs de sens et d'avenir pour l'humanité[99].

L'urgence climatique, notamment, préoccupe un nombre croissant d'acteurs qui ont le pouvoir de changer la donne, à commencer par les assureurs internationaux. Mark Carney, gouverneur de la Banque d'Angleterre et président du Conseil de stabilité financière (FSB), a livré à cet égard un discours historique en septembre 2015[100], insistant sur la nécessaire prise en compte du risque climatique par la finance mondiale. « Le besoin de gérer les méga-risques émergents n'a jamais été aussi grand », a-t-il rappelé en préambule. « Bien qu'il y ait toujours matière à désaccord scientifique lorsqu'il s'agit du réchauffement climatique (comme pour toute question scientifique), j'ai constaté que les assureurs faisaient partie des partisans les plus déterminés à y remédier le plus tôt possible. Et cela ne m'étonne pas. Alors que certains en étaient toujours à débattre de la théorie, vous, vous deviez gérer la réalité : depuis les années 1980, le nombre de sinistres causés par les intempéries a triplé ; et le montant des sinistres – corrigé de l'inflation – est, en moyenne, passé d'environ 10 milliards de dollars par an dans les années 1980, à 50 milliards ces dernières années. » C'est plus largement la stabilité financière mondiale et, à plus long terme, la

99. C'est à connecter ces besoins et ces ressources que je veux me consacrer maintenant, avec la création de BlueOrange Capital. La terre est bleue comme une orange ; à nous d'en prendre soin.
100. Mark Carney, « Mettre fin à la tragédie des horizons : changement climatique et stabilité financière » [*Breaking the tragedy of the horizon – climate change and financial stability*], discours prononcé le 29 septembre 2015 devant le Lloyd's of London (trad. Michel Lepetit, avec l'appui de l'ORSE).

prospérité de l'humanité, qui sont menacées par de tels bouleversements. Trois grands risques ont été relevés par Mark Carney: les risques physiques[101], les risques en responsabilité[102] et les risques de transition[103]. À ces trois niveaux, finance et climat sont étroitement liés: nous ne pouvons plus traiter aujourd'hui l'un sans l'autre.

Le moment n'est-il donc pas venu de réinventer le système financier? de redéfinir le rôle des acteurs dans l'écosystème de l'investissement global? de reconstruire les bases de la coopération? Les décideurs n'ont jamais été aussi nombreux à s'accorder sur la nécessité de réinventer le système. Qu'attendons-nous? Car ne nous leurrons pas: le temps nous est compté. La rapidité des mutations technologiques, associée à l'instabilité géopolitique et aux premières conséquences de l'évolution du climat, constitue une menace à court terme pour l'économie mondiale. Comme le soulignait déjà Mark Carney en septembre 2015, «la fenêtre d'opportunités est limitée et a commencé à se refermer». C'est aujourd'hui que nous devons agir, que nous devons aller vers notre risque,

101. Soit «les conséquences actuelles d'événements climatiques – et météorologiques – sur les passifs d'assurance et sur la valeur des actifs financiers, comme les inondations et les tempêtes qui provoquent des dégâts matériels ou perturbent le commerce».
102. Soit «les potentielles conséquences à venir, si des parties ayant souffert de pertes ou de dégâts dus aux effets du changement climatique cherchaient une compensation par ceux qu'ils tiendraient pour responsables. De telles procédures pourraient survenir dans plusieurs dizaines d'années, et elles pourraient potentiellement frapper plus durement les extracteurs et les émetteurs de carbone et, lorsqu'ils bénéficient d'assurance en responsabilité, leurs assureurs.»
103. Soit «les risques financiers engendrés par un processus d'ajustement vers une économie moins carbonée. Les changements de politique, les risques technologiques et physiques pourraient précipiter la réévaluation des prix d'une large gamme d'actifs, au fur et à mesure que coûts et opportunités se matérialiseront.»

pour reprendre la puissante formule de René Char[104]. N'attendons pas qu'il soit trop tard.

« Eux », c'est nous !

« Nous », c'est-à-dire tout le monde, tous autant que nous sommes. Pas seulement « eux » : les politiques, les dirigeants, les responsables, que nous jugeons parfois un peu trop vite, mais parfois aussi à raison, irresponsables.

Bien sûr, « eux » ont le devoir de donner l'exemple. Ce sont les premiers concernés : en tant que citoyens, actionnaires ou salariés, nous avons noué avec eux un contrat, nous leur avons délégué les responsabilités. Ils ont le devoir de bien nous représenter. D'avoir le courage de se salir les mains, au lieu de chercher coûte que coûte à les garder propres – la meilleure façon de ne rien faire dans une réalité par définition imparfaite, ainsi que me l'a appris Michel Camdessus[105]. De rester sur le pont face à la tempête, parant aux urgences et scrutant l'horizon

---

104. « Impose ta chance, serre ton bonheur et va vers ton risque. À te regarder, ils s'habitueront. » (René Char, « Rougeur des matinaux », in *Les Matinaux*, Paris, Gallimard, 1950.) Le nom du poète résistant se trouve être celui de ma promotion de l'ENA – un signe ?...

105. C'est l'une des grandes convictions que j'ai héritées de ma collaboration avec Michel Camdessus, à l'époque des Semaines sociales de France. Nous avions rédigé ensemble le rapport *Le Sursaut* pour le ministère de l'Économie, des Finances et de l'Industrie – rapport jugé « ultra-libéral » par certains membres de l'association de mouvance « catholique sociale ». Face aux protestations, Michel avait récité cette formule de Charles Péguy à l'endroit de la morale kantienne : « Le kantisme a les mains pures, MAIS IL N'A PAS DE MAINS. Et nous, nos mains calleuses, nos mains noueuses, nos mains pécheresses, nous avons quelquefois les mains pleines. » (Victor-Marie, comte Hugo, 1910.) On ne change pas le monde sans se salir un peu les mains. La seule marge de manœuvre, c'est d'essayer de les garder grises plutôt que noires : de se colleter avec le réel en essayant de ne pas perdre de vue ses convictions.

– « c'est pour se tenir aux avant-postes et non pour être "planqués" que les dirigeants perçoivent d'importants privilèges et rémunérations ! », avais-je témoigné durant la crise financière[106]. De ne pas faire preuve de cynisme lorsqu'ils signent des partenariats, des traités, des engagements nationaux ou internationaux. D'avoir le courage politique de les mettre en œuvre, la dignité de respecter leurs promesses.

Je crois encore à la superstructure et à la force des symboles, à la vertu des déclarations de principe. C'est là déjà une façon de composer avec le réel, même si ce n'est pas suffisant. J'ai la conviction que le monde se porterait bien mieux si, tous, nous prenions les traités un peu plus au sérieux. Rappelons-nous la leçon des accords d'Helsinki en 1975, quand l'URSS de la fin de l'ère Brejnev avait accepté de signer la « Déclaration sur les principes régissant les relations entre les États participants » (parmi lesquels le respect des droits de l'homme et des libertés fondamentales) : elle n'imaginait pas qu'elle entrouvrait alors une brèche qui contribuerait à l'effondrement du système... Lorsqu'un État signe un papier, cela l'engage, parfois plus loin qu'il ne l'aurait pensé.

Mais à ce titre, rappelons-nous que la signature de nos représentants nous engage également : en tant que citoyens, qu'administrés, nous nous devons de les respecter. Lorsqu'un chef d'État signe un accord comme celui de la COP21 ou celui des Nations unies sur les objectifs du développement durable, lorsqu'il s'engage au nom du

106. Michel Cool, *op. cit.*, p. 113.

pays qu'il dirige en faveur du climat et du développement durable, ce paraphe nous engage tous : pouvoirs publics, entreprises, ONG, citoyens... Nous avons tous le devoir de nous emparer du sujet. Nous avons tous le devoir de veiller, en agissant à notre niveau et en contrôlant les actions initiées, à la bonne mise en œuvre de tels accords. Rappelons-nous bien que nous avons tous le pouvoir, par nos bulletins de vote, mais aussi par nos choix d'investissement ou de consommation, par la façon dont nous usons de notre argent, par notre voix elle-même, en cette époque où tant passe par les réseaux sociaux, de sanctionner les grands acteurs de notre société. Ne nous défaussons pas de ce droit essentiel, qui est aussi une responsabilité.

Encore une fois, nous sommes tous embarqués dans le même mouvement de mondialisation qui façonne notre planète, aucun d'entre nous ne peut y échapper. Mais la mondialisation n'est pas bonne ou mauvaise en soi : comme la finance, elle n'a pas d'âme, elle n'est que ce qu'on en fait. En d'autres termes, ne la subissons pas : tous, nous avons le pouvoir de la dompter. Si nous devons assumer d'être engagés collectivement, par le jeu démocratique mais aussi par cet état de fait, nous devons aussi assumer notre capacité à nous engager individuellement : reconnaître notre capacité d'action sur le monde, chacun à notre niveau, comme un pouvoir et un devoir de chacun.

« Eux », c'est nous ! Telle est l'autre grande leçon que m'a enseignée Michel Camdessus : nous sommes tous responsables – certains plus que d'autres, évidemment – de l'avènement d'une humanité meilleure. Chaque personne sur terre, où qu'elle se trouve, a une part de responsabilité :

qu'on soit dirigeant d'un pays, d'une ville, d'une entreprise, d'une institution ou d'une ONG, par notre mandat ; qu'on soit citoyen, par notre vote et notre capacité à investir l'espace public ; internaute, par notre liberté de parole ; contribuable, par nos impôts ; adhérent à une association, par nos cotisations ; consommateur, par nos achats ; salarié, par nos cotisations sociales et notre contribution à la marche de l'entreprise ; actionnaire, épargnant ou pensionné, par l'argent que nous investissons... Bien sûr, un habitant d'un pays pauvre et non démocratique aura une capacité d'action beaucoup plus limitée ; mais les rencontres que j'ai pu faire lorsque j'étais à la Banque mondiale m'ont convaincu que chaque homme, chaque femme, même en partant de loin, peut déjà changer beaucoup de choses à son échelle.

Si nous voulons écrire collectivement la bonne histoire, il nous faut déjà tous, chacun individuellement, assumer ce pouvoir.

De l'absolue nécessité de coopérer : l'heure de reconstruire le système financier mondial

Il faut ensuite, et c'est tout aussi impératif car l'un n'ira pas sans l'autre, reconnaître que nous ne pouvons agir seuls, dans ce monde de plus en plus interconnecté où les problèmes les plus importants à résoudre sont de plus en plus globaux.

Les ambitions nécessaires et immenses que l'humanité a reformulées en 2015 ne deviendront réalité que si l'on parvient à rassembler toutes les intelligences et les énergies, d'un État à l'autre mais aussi au sein des États. Que si l'on parvient à faire coopérer entre eux les acteurs publics, privés et la société civile comme autant de « triathlètes ». Que si l'on réussit, pour reprendre le jeu de mots de David Lipton, à passer de « la stratégie O-H-I-O » à « la stratégie C-A-lifornie » : du traditionnel *Own house in order* à la *Collective Action*, l'action collective – ou, si l'on opte pour le concept de Ian Bremmer, à la « gestion en copropriété ».

Force est de reconnaître qu'il n'y a rien de plus difficile, dans un monde de plus en plus individualiste et sous tension : les méfiances réciproques sont si ancrées, si tenaces (en particulier dans des pays comme la France, serait-on tenté d'ajouter, où le clivage entre public et privé est encore profond – mais c'est le cas, en réalité, de la plupart des pays des Nations unies). Il est tellement plus aisé de jouer l'opposition de principe, de camper sur ses intérêts et ses positions ! Mais j'ai la conviction qu'une telle mobilisation est possible, au regard de tous les sommets, les projets, les rencontres, les groupes de travail auxquels j'ai eu la chance de participer ces quinze dernières années. Au regard, en particulier, de cette immense poussée de sève que la conférence sur le climat à Paris nous a donné à voir.

Au regard du potentiel d'intégration que recèle encore la finance, malgré les désillusions de la dernière décennie. Ce « mauvais maître » peut être aussi un très « bon serviteur » : s'il a fait un temps partie du problème, il est aujourd'hui une partie de la solution. Non seulement parce que la finance, comme le numérique, est une langue universelle, un outil inventif qui, bien utilisé, permet de faire circuler les richesses, de jouer collectif en créant de la valeur, de faire travailler ensemble les hommes et leurs diverses institutions. Mais aussi parce que, comme évoqué plus haut, en notre qualité de citoyens, de contribuables, de consommateurs, d'investisseurs, d'actionnaires, d'épargnants, de pensionnés, d'adhérents d'une association, etc., nous pouvons tous agir sur le portefeuille de l'humanité. Grâce à la libre circulation des capitaux, chacune de nos actions peut avoir un impact positif sur l'ensemble de la planète. La même mondialisation financière qui nous a entraînés, à partir de 2007, dans le marasme, pourrait bien être celle qui remettra le monde sur de bons rails.

Mais, pour cela, ne ratons pas l'opportunité qui nous est offerte aujourd'hui de réinventer le système financier international. De bâtir un système maîtrisé, justement régulé – pas trop, mais assez –, où soient repensés les liens de solidarité entre les pays. Un système où Wall Street ne soit pas à décider pour le reste de la planète, où tout le monde puisse avoir son mot à dire, pays avancés comme émergents et en développement, investisseurs comme régulateurs, banquiers centraux comme épargnants. Un système qui rivalise d'innovation pour trouver les réponses de financement dont le monde a besoin. Un système qui s'appuie sur les institutions existantes, qui sache les utiliser au mieux, qui renoue avec l'élan de 2009 où la communauté internationale, avec la création du G20, s'était montrée à la hauteur de la crise financière, avant que chacun ne se replonge dans son agenda domestique et n'en fasse plus qu'un « salon de discussion » impuissant.

De ce système miné par la crise de 2007-2008, nous n'avons fait pour le moment que colmater les brèches. Nous ne sommes pas allés jusqu'à sa nécessaire refondation. Retroussons nos manches, reconstruisons *maintenant* : tous les outils sont là, à notre portée !

2

Refonder la finance pour enchanter la mondialisation

CHAPITRE VI

Du pire au meilleur, réenchanter la finance

La crise financière de 2007-2008 et la grave récession économique mondiale qui a suivi ont fait de la finance l'ennemi à abattre aux yeux de nombreux citoyens de la planète. Celle-ci devait leur apporter la prospérité, elle les a menés à la ruine. À tout le moins, elle a assombri durablement leur horizon. Condamner sans appel la finance serait pourtant priver l'humanité d'un outil essentiel. Si elle est assurément un « mauvais maître », elle peut être aussi un très « bon serviteur ». Refondée, elle pourrait même contribuer à sauver le monde. C'est une énergie colossale qui d'ores et déjà existe, et a le potentiel de libérer une énergie plus prodigieuse encore au service du bien commun. Le tout est d'apprendre à contrôler la réaction en chaîne, à canaliser cette force, à bien l'utiliser. « Faites-moi une bonne politique et je vous ferai de bonnes finances », disait le baron Louis, ministre des Finances sous la monarchie de Juillet. Je suis convaincu que si l'on veut faire des choses qui ont du sens, on trouve toujours de l'argent.

Retrouver les fondamentaux

Être dans l'équipe de tête d'une banque commerciale pendant la crise financière mondiale a été pour moi, incontestablement, une épreuve dont je me souviendrai longtemps.

Lorsque j'ai quitté le Crédit agricole pour rejoindre, en 2012, la Société générale, je doutais du bien-fondé de mon métier et de l'utilité de l'outil auquel j'avais voué jusque-là une grande partie de ma vie. Le moral des équipes trouvées à mon arrivée était sous pression, ébranlé par l'affaire Kerviel et par quatre années de crise ininterrompue ayant culminé dans la seconde moitié de l'année 2011, avec des attaques spéculatives initiées par des rumeurs sans fondement[107].

Soucieux de mobilisation collective et moi-même préoccupé par l'environnement, j'ai saisi l'occasion de la présence des équipes Finances à Paris pour inviter Michel Camdessus, ancien directeur du Trésor, gouverneur de la Banque de France et directeur général du FMI de 1987 à 2000. Celui avec lequel je travaillais depuis plus de dix ans avait toujours été pour moi une source d'inspiration. Je lui ai proposé d'intervenir sur le thème : « Peut-on réenchanter la finance ? » Fort de son expérience de sage, Michel Camdessus nous a livré un discours mémorable, extrêmement réconfortant. Tous, à la Société générale, en sommes ressortis galvanisés. Pour résumer son message : revenez aux fondamentaux ! Plutôt que de renoncer à la finance, renouez avec son essence, retrouvez le lien qu'elle avait avec le réel. Rappelez-vous pourquoi l'homme l'a inventée. La finance a réuni les plus brillants cerveaux, c'est le moment de les mobiliser.

---

107. À la suite d'une série d'été publiée fin juillet 2011 par *Le Monde*, qui retrace les aventures fictives de deux traders, le tabloïd britannique *Mail on Sunday* prend au mot les extrapolations du récit et publie un article catastrophiste qui présente la Société générale comme étant « au bord de la faillite après de terribles pertes dues à son exposition sur la dette grecque ». La rumeur s'enflamme à tel point qu'elle fait dévisser l'action de la banque ! Le journal a depuis été condamné.

Je ne peux que lui donner mille fois raison : la finance, en effet, n'est jamais qu'un outil au service de l'homme. Un outil très ingénieux qui permet de s'emparer de l'espace et du temps pour en faire des alliés ; qui permet de construire l'avenir en épargnant, en investissant, en répartissant les risques, en anticipant par l'analyse. C'est aussi un moyen puissant de libération. J'en veux pour preuve cette réflexion lumineuse que m'avait faite un jour Jean Boissonnat[108] : « Dans les années 1930, on donnait des bons pour acheter du pain et autres biens de première nécessité. C'était très humiliant ! Imposer une finalité aux dépenses, ce n'est pas respecter l'être humain, c'est nier son libre arbitre, c'est nier l'individu. » Dans le même ordre d'idées, je suis toujours choqué d'entendre les réflexions condescendantes à l'endroit des plus pauvres, du genre : « Si on leur donne de l'argent, ils vont le boire… » Eh bien, c'est leur problème, il en va de leur dignité ! J'ai toujours été convaincu que l'autonomie financière, l'accès au crédit et à l'épargne contribuent à l'émancipation individuelle en permettant de concevoir et de réaliser des projets.

De ce point de vue, un rôle essentiel est joué par les programmes d'inclusion financière à travers, par exemple, le microcrédit, tels que ceux défendus par la reine Máxima, souveraine des Pays-Bas, très engagée dans ce domaine[109] et avec laquelle j'ai eu l'occasion, à plusieurs reprises, de travailler et d'échanger. Au-delà des débats entre économistes sur leur efficacité, ils sont une chance offerte

---

108. Grand journaliste français qui avait présidé, avant Michel Camdessus, les Semaines sociales de France.
109. Avant d'épouser Wilhelm Alexander des Pays-Bas, Máxima Zorreguieta Cerruti travaillait à Wall Street !

à chacun de prendre sa vie en main et de rentrer dans la marche du monde. Ainsi, je me souviens avec émotion d'une femme avec laquelle j'ai discuté lors d'un déplacement au Bihar, un des États indiens les plus pauvres et les plus peuplés, situé au nord du pays, au pied de l'Himalaya. Je me revois entrer dans un village, suant à grosses gouttes – il faisait au moins 40 °C –, puis rejoindre l'assemblée des femmes pour me faire expliquer le déroulement du projet villageois déployé par la Banque mondiale dans leur communauté, parmi une centaine d'autres : il s'agissait notamment de créer une mini-banque locale, abondée par notre institution, pour soutenir les initiatives des villageois. J'ai passé ensuite une heure, assis par terre, à converser avec une femme de mon âge – en vérité, elle paraissait avoir vingt ans de plus, mais nous n'avions évidemment pas le même parcours de vie… J'étais fasciné par son regard extraordinaire, dont la photographie restera accrochée dans mon bureau, et par son récit : « Il y a cinq ans, je n'étais rien ; j'avais perdu mon mari à la suite de sa chute d'un arbre [situation très difficile en Inde, car alors on n'existe plus guère aux yeux de la société] et je me retrouvais avec huit enfants dont aucun n'était marié [là encore, un vrai problème en Inde où l'on compte sur l'apport des dots]. Mais grâce au microcrédit, j'ai acheté une première chèvre, puis une deuxième, puis une troisième, jusqu'à avoir un troupeau de quinze chèvres ; j'ai aussi monté une mercerie. Et tout a changé pour moi : maintenant j'existe, j'ai un nom et mes enfants sont mariés. » En somme, le mécanisme financier le plus simple du monde peut changer la vie des femmes, leur permettre de s'émanciper : telle est la force du marché.

Ainsi utilisée, la finance est un instrument précieux de proximité au service de l'économie. Elle est également un ferment de cohésion : langage universel, c'est un outil extrêmement plastique qui permet de faire coopérer les femmes et les hommes entre eux, par-delà les frontières. Un outil qui permet de partager la richesse, d'associer ses efforts : à travers une société anonyme, on peut constituer un capital et se projeter dans l'avenir à plusieurs. En retour, la finance repose sur la confiance et la coopération : on n'est pas financier tout seul ; il n'y a pas de finance possible si l'on se contente de mettre des billets sous son matelas.

Pour toutes ces raisons, la finance constitue à mes yeux un levier décisif, et plus que jamais actuel, du développement. Si les sociétés humaines ont besoin d'infrastructures physiques et sociales, pour l'accès à la santé et à l'éducation notamment, elles ont tout autant besoin d'infrastructures financières, d'un système bancaire ou de marchés financiers. La titrisation, discréditée par l'utilisation qui en a été faite à travers les *subprimes*, permet pourtant aux émetteurs et aux investisseurs de répartir et de diversifier leurs risques. Elle reste un instrument utile pour canaliser efficacement les ressources financières en direction de l'économie réelle. La mobilisation de l'épargne domestique est un autre levier puissant : ce n'est pas autrement que nos économies occidentales se sont développées au XIXe siècle, utilisant cette épargne pour appuyer le lancement du chemin de fer et l'essor de l'industrie sidérurgique aux États-Unis, en Angleterre, en France ou en Allemagne. L'épargne chinoise – largement forcée – comme, avant, l'épargne japonaise ont contribué de la même manière à l'équipement et au développement de ces deux pays.

Piliers du système financier international, les grandes institutions publiques créées en 1944 par les accords de Bretton Woods ont précisément pour mandat de soutenir un tel développement à moyen et long termes. Plus que jamais, alors que les grandes déclarations de 2015 attendent d'être mises en œuvre, ces institutions ont un rôle critique à jouer pour préserver la stabilité financière et trouver l'argent nécessaire au financement de la transition énergétique, de la construction d'infrastructures, de l'accès de tous à la santé, à l'éducation, à l'énergie ou encore au numérique. J'ai été très frappé, à cet égard, par ma visite de la *ger* – yourte traditionnelle – d'un berger, dotée des plus récents équipements du monde moderne, au fin fond de la steppe mongole. Je m'y étais rendu dans le cadre d'un programme mis en place par la Banque mondiale pour l'accès universel à l'électricité, *via* des dispositifs solaires individuels hors réseau[110]. En entrant dans la yourte, j'ai découvert un homme habillé comme il y a deux cents ans, qui m'a fait boire du lait de yack – très particulier ! –, dans une pièce à l'agencement immémorial, équipée du lit et de l'autel bouddhiste rituels, mais aussi d'un écran plat et d'un téléphone portable connecté au wifi... Plus étonnant encore, cet éleveur de moutons et de chèvres bénéficiait, grâce à son téléphone, d'un accès à l'assurance agricole qui lui permettait de gérer le risque lié à son cheptel, confronté à des températures extrêmes d'une saison à l'autre et sans cesse menacé de mort. Tout cela, grâce à quelques panneaux solaires !

110. http://www.banquemondiale.org/fr/results/2013/04/10/sustainable-energy-for-all-results-profile

La finance est au fond comme l'argent défini par sainte Thérèse d'Ávila : un « excrément du diable, mais pour cette terre, quel bon engrais ! ». Certes, l'outil financier a été terriblement dévoyé ces quinze dernières années par des acteurs plus ou moins bien intentionnés, quand ils n'étaient pas indifférents au sort de leur prochain. Livrée à elle-même, la finance est devenue une force aveugle et incontrôlable. Mais il serait tellement dommage d'y renoncer, le monde aurait tant à y perdre ! Reprenons plutôt en main cet outil qui a longtemps attiré les plus belles intelligences, remobilisons cette matière grise au service du bien commun : continuons de l'encourager à innover, mais dans la seule finalité de rendre des services durablement bénéfiques à l'humanité.

Pour cela, il me semble indispensable que nous apprenions à mieux distinguer la croissance et le développement. Je cite souvent cette déclaration de l'assemblée du Conseil œcuménique des Églises en 1987 : « La croissance comme fin en soi c'est la stratégie des cellules cancéreuses. C'est la prolifération incontrôlée, illimitée, sans égard pour le système qui la supporte, qui aboutit à la dégénérescence et à la mort. Le développement, au contraire, c'est la stratégie de l'embryon : mettre les choses qu'il faut à leur juste place et en temps voulu, et en veillant à respecter leurs relations. » Je trouve l'image très forte. Au fond, la croissance revient à créer du PNB. Ce n'est pas très compliqué : il suffit d'amener son véhicule sur le périphérique et de faire tourner son moteur ; on consomme de l'essence et la dépense est enregistrée dans la comptabilité nationale... En faisant de la France un grand embouteillage 365 jours par an, on parvient à créer un PNB extraordinaire ! La croissance est cette augmentation mécanique de la richesse produite, quelle que soit cette richesse (une richesse sans odeur ni couleur – ou, dans le cas du périphérique, en gris et en fumée !) et quelque nuisible que soit son mode de prolifération. *A contrario*, le développement – ou la croissance harmonieuse, sensée, maîtrisée – est beaucoup plus exigeant et sophistiqué, mais c'est la seule trajectoire viable, que la mondialisation doit retrouver. Celle-ci ne doit pas se laisser emporter par la logique cancéreuse d'une finance qui peut tout, qui permet tout. Le parallèle vaut également pour le numérique. Il est urgent de remettre l'homme au centre, de veiller à ce que les outils qu'il a inventés soient utilisés à son seul service. Retrouver une trajectoire de développement et non de croissance ne vaut pas seulement d'ailleurs pour les pays pauvres ; ce défi est aussi celui des pays riches – c'est toute l'ambition des nouveaux ODD de 2015.

Réenchanter la finance n'est donc pas autre chose que lui redonner du sens : le sens qu'elle a perdu, celui qu'elle n'a jamais eu, pour certaines générations de citoyens. Du sens et du cœur. C'est le message que j'ai ainsi souhaité laisser lors de ma dernière intervention à la Société générale, où je devais présenter les comptes annuels 2012 de la banque. L'image se dévoilait en trois temps : 1/ « Le ratio Core-T1, c'est bien[111] » ; 2/ Logo du Groupe en forme de cœur rouge et noir ; 3/ « Le ratio Cœur-T1, c'est mieux ! ».

111. Référence au « Tier 1 », qui désigne la partie jugée la plus solide, le noyau dur, des fonds propres des institutions financières. Après la crise, les régulateurs ont différencié l'appellation des tranches de fonds propres (T1, T2, T3) pour rappeler que celles-ci n'ont pas la même valeur et que le vrai capital, le capital social – le Core-T1 –, doit être renforcé.

La finance n'est pas seulement une affaire de ratio, c'est aussi une affaire de sens et de cœur.

Dépasser la tentation du cynisme...

Affaire de cœur, qui implique donc de se débarrasser de tout réflexe cynique à l'endroit de ses clients, de ses pairs et de son métier. Évidemment, on ne réenchantera pas la finance si les acteurs qui usaient et abusaient de cet outil continuent, pour un certain nombre d'entre eux, de jouer le système et d'attendre que cela passe, en se déchargeant de toute responsabilité. Il est trop facile de prétexter, face aux velléités de réforme, que la finance mondiale est une force si gigantesque qu'on ne peut rien y faire, que de toute façon le système s'adaptera. On voit où ce genre de raisonnements nous a menés...

Et pourtant, certains comportements persistent ! Le cynisme a la dent dure, incontestablement. J'en veux pour preuve les manipulations des taux d'intérêt LIBOR[112], ou encore celles du marché des changes au Royaume-Uni, qui ont perduré bien après le début de la crise financière. En témoignent aussi les réflexions entendues de la bouche de patrons de grandes banques américaines en 2010, alors que la réglementation mondiale était en train de se mettre en place. Je revois encore l'un d'eux me dire au printemps, au moment où le Congrès des États-Unis s'attaquait à la rédaction de la loi Dodd-Frank : « Quelles instructions avons-nous données à nos lobbyistes de Washington ? C'est très simple : une législation est nécessaire, c'est le

112. Voir chapitre II.

prix à payer pour ce que nous avons fait, mais faites en sorte que ça ne soit pas trop douloureux (*it cannot be that painful*)... » Fallait-il comprendre : « Nous allons montrer patte blanche et recommencer comme avant... » ? Une autre réflexion m'a marqué en septembre 2010 à Bruxelles, lors du congrès Eurofi (« le Salon des banquiers », dans notre jargon). Je déjeunais sur le pouce au milieu de grands noms de la finance internationale et demande à l'un d'eux : « La loi Dodd-Frank va-t-elle vous obliger à revoir le modèle de votre banque ? – Oh vous savez, cette loi-cadre, c'est un peu comme la Bible : elle fait plus de 2 000 pages, donc tout cela n'est qu'affaire d'interprétation... À cette différence près qu'avec la Bible, les auteurs sont morts ! » L'un de mes commensaux français pique un fard : « Mais vous allez quand même devoir renoncer à certaines de vos pratiques !... – Tu sais bien ce que c'est que le marché... Ça n'est pas une caserne de sapeurs-pompiers ; tu n'es pas là à attendre que la sirène retentisse pour mettre tes bottes, prendre ton casque, aller éteindre l'incendie et puis retrouver ta caserne... Le marché, c'est comme un tapis roulant dans un aéroport : ça marche 24h/24. Donc moi, je me lève à 5 heures du matin, je vais sur le tapis ; si mon client arrive à 5 h 05, je l'aide à monter ; et puis quand il descend je reste, pour continuer à suivre le marché et être en mesure de l'aider. Tu vois ce que je veux dire ?... » Cette anecdote reflète bien l'esprit de l'époque : l'adhésion à un marché sans contrôle, et la conviction qu'aucune loi ne pourra rien y changer.

… et du tout-réglementaire

À l'extrême opposé, il ne me paraît pas bon de faire reposer la refondation du système financier sur la seule réglementation.

Certes, une reprise en main de la finance par le régulateur et le législateur était nécessaire : il était indispensable de retrouver la maîtrise de cette force aveugle qu'on avait laissée filer. Maîtriser, c'est-à-dire définir des règles, des sanctions, mettre en place des radars, des gendarmes, des arbitres, fixer des objectifs qui soient un peu plus soutenables que celui, obsessionnel, de gagner toujours plus d'argent. Pendant trop longtemps, le système financier a encouragé la cupidité collective – le fameux « *Greed is good* » popularisé en 1987 par Michael Douglas dans *Wall Street*, le film d'Oliver Stone – des courtiers, banquiers, assureurs et épargnants, ainsi que les comportements moralement répréhensibles d'un certain nombre de dirigeants de grandes entreprises. Il était temps de faire bouger les lignes.

Cette responsabilité incombait largement aux États, aux banques centrales, ainsi qu'au G20 et à la coopération internationale. Aux États-Unis, la loi Dodd-Frank adoptée en juillet 2010 par le Congrès a par exemple créé un *Financial Stability Oversight Council* (FSOC) et chargé la Réserve fédérale de surveiller les risques globaux. Outre la régulation des marchés de produits dérivés pour réduire les cumuls de prises de risques, ou encore l'obligation de solvabilité des emprunteurs pour les crédits immobiliers, un important volet de la loi s'est concentré sur les banques commerciales, qui ne peuvent plus désormais prendre de participations dans des *hedge funds* ou des fonds de capital-investissement au-dessus de 3 % de leurs fonds propres. Autre changement important : les contribuables ne doivent plus – en principe – être sollicités pour renflouer des entreprises financières en difficulté. C'est en tout cas l'objectif affiché.

Dans ce nouvel environnement, la création du Conseil de stabilité financière (*Financial Stability Board* ou FSB) lors de la réunion du G20 à Londres, en avril 2009, a constitué un événement important. Ce conseil, émanation du G20 qui réunit gouverneurs de banques centrales et directeurs du Trésor des pays membres, ainsi qu'un certain nombre d'organisations internationales dont le Fonds monétaire international (FMI), la Banque mondiale et l'OCDE, constitue aujourd'hui l'organe de pilotage de la stabilité financière mondiale. Il a notamment pour missions d'identifier les vulnérabilités du système et de définir des standards (ou de coordonner leur développement à travers le monde) afin de contenir celles-ci, en collaboration avec les normalisateurs techniques internationaux. Par exemple, le FSB définit une liste des banques internationales à caractère systémique, considérées de fait comme « *too big to fail* » et dont le naufrage entraînerait des pans entiers de la finance mondiale : ces banques ont, par rapport aux banques non systémiques, des exigences de fonds propres supplémentaires. Le FSB s'est aussi intéressé à l'organisation de marchés de dérivés, en favorisant systématiquement le recours à des chambres de compensation[113]

113. Organisme financier, intermédiaire entre l'acheteur et le vendeur, dont le rôle est de garantir le règlement-livraison des transactions.

officielles. Il promeut par ailleurs des principes en matière de rémunération des opérateurs de marchés ou encore d'identification des personnes morales intervenant comme contrepartie à une transaction financière.

Afin de nous protéger d'un nouvel accident systémique, le Comité de Bâle de la Banque des règlements internationaux (BRI) a adopté en septembre 2010 de nouveaux ratios de solvabilité bancaire (règles dites de « Bâle III »), relevant le minimum de fonds propres exigé des banques[114]. La mise en place, à la fin de l'année 2015, de dispositifs d'absorption des pertes (le TLAC au niveau mondial et le MREL au niveau européen[115]) est venue compléter ce système de prévention. Dernier effort de régulation en date : l'adoption en mai 2016, par les grands argentiers du G7-Finances, d'un plan d'action pour renforcer la lutte mondiale contre le financement du terrorisme. Le travail est continu.

Reste que des lacunes persistent dans cette réglementation internationale. La question du plafonnement de l'exposition des banques à la dette souveraine (jugée jusqu'à présent sans risques, et donc exonérée des limitations imposées aux avoirs bancaires constitués par la dette des

114. Les banques doivent désormais respecter un Tier 1 de 7 % (au lieu de 4 % avant la crise) et un Core-T1 de 4 % (au lieu de 2 %). Elles doivent par ailleurs se doter d'un matelas de sécurité supplémentaire de 2,5 %, alimenté par leurs bénéfices en période de prospérité économique (plutôt que distribuer ceux-ci en dividendes ou en rachat d'actions), auquel se rajoute la surcharge pour les institutions à caractère systémique.
115. Le TLAC (*total loss-absorbing capacity*) est un matelas de ressources constitué de titres de dette pouvant être effacés ou convertis en capital, afin de protéger les contribuables en cas de difficultés. Le MREL, nouveau ratio imposé aux banques par la directive BRRD sur les faillites bancaires, est son pendant européen.

entreprises et des ménages) n'est toujours pas réglée et fait l'objet de divergences entre les ministres des Finances de l'Union européenne.

Citons aussi le développement du *shadow banking*, cette « finance de l'ombre » ou « système bancaire parallèle »[116] qui regroupe les acteurs et les activités contribuant au financement non bancaire de l'économie. Ce système n'est pas mauvais en soi, malgré son nom inquiétant, mais il n'a pas bénéficié de la même attention que le système bancaire. Pour autant, il ne faudrait pas l'imaginer comme un nouveau « western » où tous les coups seraient permis : fonds de pension, *hedge funds*, assureurs-vie, gestionnaires d'actifs, etc. sont réglementés et parfois strictement. Mais il importe d'intégrer leur surveillance et leur réglementation dans une approche globale du financement de nos économies.

Plusieurs évolutions doivent être impérativement prises en compte à cet égard : le changement d'échelle d'un secteur qui représentera sous peu 100 000 milliards de dollars d'actifs sous gestion ; une croissance rapide en dehors de l'Europe et des États-Unis, en Chine par exemple ; une multiplication des liens entre tous les acteurs du financement de l'économie, bancaires et non bancaires. Au-delà de l'apport réglementaire parcellaire, c'est bien du mode de financement de nos économies qu'il est question : quelle part à la dette ? quelle part aux fonds propres ? quelle part aux banques ? quelle part au marché ? quelle profitabilité ?

116. Parfois appelé aussi « finance de marché » (*market based finance*).

quel niveau de transformation[117] ? Ces questions ne paraissent pas appeler de réponse uniforme pays par pays. Pour autant, elles ne peuvent être ignorées ou traitées trop longtemps séparément. Une approche holistique s'impose, qui verrait débattre au niveau adéquat des conditions de financement des économies : au niveau des pays, au niveau des ensembles économiques, voire parfois au niveau mondial. La question du financement des infrastructures est un cas d'école : tout le monde reconnaît l'immensité des besoins, appelle de ses vœux une plus grande implication du secteur privé, mais en même temps personne ne se mobilise pour aborder l'ensemble des freins réglementaires ou de comportement qui empêchent une plus forte implication des fonds de pension ou des assureurs et poussent au retrait du secteur bancaire[118]. L'approche réglementaire doit combiner une approche négative – on ne fait pas ! –, positive – on fait ! –, prescriptive – vous devez ! – et incitative – vous avez intérêt à faire !

Certaines réglementations, en revanche, ont eu manifestement des effets inattendus. Le cas du *correspondent banking* est à mes yeux très révélateur, ainsi que j'ai pu le souligner en 2015 dans un article cosigné avec Mark Carney[119]. Jusqu'à la crise de 2007-2008, quelques grandes banques internationales (telles Deutsche Bank, JPMorgan ou BNP Paribas) jouaient pour les institutions financières

117. La transformation est le cœur du métier bancaire. Il s'agit de transformer des ressources courtes (comme des dépôts) en des emplois longs (prêts au logement ou infrastructures, par exemple).
118. Voir chapitre X sur le rôle que pourrait jouer le G20 sur un tel sujet. Voir aussi le rôle clé de la formation des acteurs à ces problématiques.
119. Mark Carney, Bertrand Badré, « Keep finance safe but do not shut out the vulnerable », *Financial Times*, 2 juin 2015.

de nombreux pays le rôle de porte d'entrée dans le système financier international, en mettant leurs infrastructures à disposition. Ces « correspondants bancaires » permettaient aux banques locales de donner à leurs clients un accès aux services d'une institution lointaine, tel l'échange de devises ou l'envoi d'argent à un compte à l'étranger. C'est par leur intermédiaire que les flux de capitaux transitaient et que chaque marché domestique était connecté au monde. Avec la crise et la régulation du système, les amendes, américaines en particulier, se sont multipliées à l'encontre des banques n'ayant pas respecté les embargos ou les règles anti-blanchiment[120]. Face au montant considérable des pertes encourues, mises en regard d'un métier insuffisamment rémunérateur, nombre d'établissements ont décidé d'interrompre leur activité de banques correspondantes au Liban, au Mexique, en Arabie saoudite ou encore en Somalie, calculant qu'il y avait un risque majeur à traiter avec elles – alors que le risque n'était pas rémunéré. Le résultat est qu'on a isolé du système financier international un certain nombre d'économies émergentes et en développement[121].

Le régulateur ne peut ignorer de telles conséquences. Ce serait négliger le but des réformes financières engagées par le G20, à savoir soutenir un secteur financier mondial ouvert et élastique qui serve véritablement les économies à

120. Cf. *Ibid.* : « Lorsque les institutions agissent comme correspondants, elles comptent sur leurs "répondants" locaux pour concevoir des systèmes empêchant les deux bords de faire affaire avec des criminels ou transférer des fonds illicites. Ces systèmes ont parfois échoué et certaines banques internationales, que ce soit délibéré ou non, ont fourni des comptes et des services aux blanchisseurs d'argent, facilitant les activités des gangs de la drogue et des terroristes. »

121. Aujourd'hui, il n'est plus possible par exemple de transférer de l'argent dans les camps de réfugiés somaliens, ce qui est pour le moins problématique…

travers le monde. Ce serait aussi favoriser la circulation de fonds illicites dans des canaux non officiels. Il est indispensable de comprendre l'ampleur du problème et ses causes, d'établir des faits, en s'appuyant sur le retour d'expérience du Groupe Banque mondiale et d'autres acteurs du développement. Il importe ensuite d'harmoniser l'application des normes internationales, de former les acteurs à leur interprétation (en misant notamment sur les partenariats entre banques), de clarifier aussi les attentes et d'utiliser la technologie à cette fin (le *blockchain*[122] en particulier)[123].

Dans un autre domaine, le traitement réglementaire de la titrisation, soumise aujourd'hui à des exigences très strictes, gagnerait lui aussi à être revu car il peut décourager l'investissement. L'Union européenne a commencé des travaux en ce sens.

Si nous voulons refonder la finance sur des bases assainies, il me semble indispensable de trouver le juste équilibre entre un arsenal nécessaire de règles et une nécessaire fluidité dans la circulation des capitaux. Trouver, en somme, le bon niveau de respiration au sein du système financier. Le bon niveau de détail dans la définition des

---

122. Base de données sécurisée et distribuée, partagée par différents utilisateurs, sans intermédiaire, qui contient l'historique de tous les échanges effectués entre ces utilisateurs depuis sa création. Ce système de « chaîne de blocs » permet à chacun de garantir à chaque instant l'authenticité et l'unicité des transactions.

123. Cf. M. Carney, B. Badré, *op. cit.* : Les autorités « doivent travailler avec l'industrie financière pour mettre en place des mesures techniques, telles que le système mondial *Legal Entity Identifier*, qui standardise l'identification, ou encore les plateformes *Know Your Custumer*, qui aident à éviter la duplication des travaux de *due diligence*. Les deux solutions sont déjà mises en œuvre, mais elles ont besoin du soutien des régulateurs pour atteindre l'échelle nécessaire à un processus de vérification plus fiable. »

rôles, le bon degré de coopération entre régulateur et régulé, le bon niveau de répartition des responsabilités. Et, surtout, penser le système dans son intégralité, et non plus morceau par morceau. Colmater et réparer était indispensable : nous avons évité le naufrage complet. Il nous faut maintenant envisager le grand carénage.

Rétablir une culture de la responsabilité

Dans cette refondation de la finance, la tentation d'être prescriptif est naturelle. Vouloir tout résoudre par le biais réglementaire est parfois inévitable. Mais c'est une façon *in fine* regrettable, à mes yeux, de décharger les acteurs financiers de leur responsabilité.

La question de leur rémunération est un cas d'école. Je me rappelle avoir eu un débat à ce sujet, en 2008, avec des consultants réputés. Mon avis était que le problème des financiers n'était pas tant le montant absolu de leurs rémunérations – encore que – que la manière de les structurer, notamment l'habitude prise de les lier à une performance mesurée à court terme, à travers des bonus : ces incitations étaient un vrai pousse-au-crime ! Mais on m'a ri au nez, en m'assurant que j'étais bien naïf, qu'on ne pouvait rien y changer. J'ai alors répondu, sur le ton de la boutade – mais pas aveuglément –, que si nous n'arrivions pas à nous autolimiter de manière saine, le législateur allait finir par s'en mêler... C'est précisément ce qui est arrivé : les banquiers sont devenus probablement la seule profession pour laquelle les modalités de rémunération sont fixées par une directive européenne ! Et la population américaine est tellement excédée par l'impunité dont lui semblent jouir les décideurs de Wall Street que le sujet s'est invité dans la campagne électorale, et que des premières mesures se mettent doucement en place. Il est dommage qu'on ait dû en arriver là, que les financiers n'aient pas su s'encadrer eux-mêmes.

J'y vois un enjeu fondamental, d'ordre culturel. Si les évolutions réglementaires étaient sans nul doute nécessaires, en aucun cas elles ne sont suffisantes car elles n'ont fait que codifier des procédures, sans changer en profondeur les comportements. Réenchanter la finance exige de rétablir chez tous les acteurs une culture de la responsabilité (*accountability*).

La « grande modération » qui a eu cours jusqu'en 2007, en installant l'idée que fractionner, répartir et assurer les risques était une garantie de viabilité du système, a développé une culture du confort où la décision s'est détachée de la responsabilité, puisque le risque était distribué de manière de plus en plus lointaine. Plus personne n'était responsable ni partie prenante de rien, dans cette machine mondialisée qui tournait toute seule. Retrouver les fondamentaux de la finance, c'est donc aussi renouer avec l'esprit du capitalisme tel que le concevaient Henry Ford et quelques autres : d'un capitalisme qui ne saurait vivre et se développer sans respecter une éthique rigoureuse. C'est toute la réflexion qui, en mai 2015, a occupé les ministres des Finances et banquiers centraux du G7 réunis à Dresde : élaborer un code de conduite pour les professions bancaires, conçu comme un ensemble d'engagements volontaires dont les lignes directrices éthiques soient fondées sur la prise de conscience que la finance n'est pas une fin en soi, mais un moyen de servir l'économie réelle et la société, un moyen de promouvoir l'investissement, la croissance et la prospérité pour tous.

Sur ces questions d'éthique financière, de retour au sens de la mesure, la voix de sagesse des différentes religions gagnerait à être davantage entendue. À travers mon engagement personnel au sein des Semaines sociales de France, j'ai pour ma part longuement mûri la doctrine catholique sociale : les concepts de bien commun, de subsidiarité, d'option préférentielle pour les pauvres[124]... J'ai également participé à plusieurs séminaires au Vatican, notamment au séminaire international sur l'*économie et le bien commun* organisé en juillet 2014 par le Conseil pontifical « Justice et Paix » présidé par le cardinal Turkson, archevêque d'Accra au Ghana, où nous avons débattu des questions de croissance partagée et inclusive, de cohésion sociale et territoriale, ainsi que de finance au service du plus grand nombre. Incontestablement, les religions ont des messages précieux à nous livrer sur ce terrain. Venu déjeuner avec nous lors d'une des journées de réflexion, le pape François a tenu à mettre en garde contre la « réduction anthropologique » qui marque notre époque, dénonçant un système économique dominé par la « culture du déchet »[125]. Pour tous les dirigeants rassemblés ce jour-là, cet appel, qui s'ajoutait à l'exhortation pontificale de 2013 à lutter contre la « mondialisation de l'indifférence »,

124. http://www.doctrine-sociale-catholique.fr/index.php?identifier=les-principes
125. http://www.cathobel.be/2014/07/14/economie-le-pape-condamne-une-nouvelle-fois-la-culture-du-dechet-qui-met-lhomme-a-lecart/

depuis l'île italienne de Lampedusa, a constitué un réveil salutaire et un encouragement à agir.

Dans cette culture de responsabilité qui doit irriguer la réinvention du système, il me semble tout aussi indispensable d'intégrer le devoir de pédagogie. La finance a trop souvent pris prétexte de la sophistication de son outil, alors que les mécaniques de base sont simples, si on prend le temps de les expliquer. Elle a trop joué à rendre inintelligible son discours, souvent par complaisance, parfois par mauvaise foi, voire malhonnêteté. Elle a pu donner le sentiment de mépriser les populations qui pourtant, par leur argent, l'alimentaient. Il est temps que les acteurs s'obligent à expliquer systématiquement ce qu'ils font. Si l'accès à la finance est un élément déterminant de la liberté de l'individu, cette liberté ne saurait s'exercer sans un minimum de lumières : tous les citoyens doivent pouvoir comprendre ce que signifie épargner, emprunter, investir, ce que cela peut apporter à l'économie. Sans cela, la confiance des populations ne sera jamais reconstruite. La finance ne retrouvera jamais aucune magie, elle ne rallumera jamais la flamme de l'espoir. La loi Dodd-Frank a fait un pas notable en ce sens, en créant un bureau de l'éducation financière et de la protection des consommateurs, chargé de l'information du public et de l'analyse des produits qui leur sont fournis. L'Union européenne, de son côté, s'est appuyée sur son outil d'éducation en ligne Dolceta[126] pour améliorer la sensibilisation des consommateurs en matière

126. http://www.dolceta.eu/. La France s'est également dotée d'un outil précieux avec lafinancepourtous.com, développé par l'Institut pour l'éducation financière du public (IEFP), association d'intérêt général agréée par le ministère de l'Éducation nationale.

de finances et de crédit. Cela suppose naturellement d'aborder les questions les plus techniques et parfois les moins comprises, telles que la comptabilité. Le système comptable actuel, basé sur une appréciation en valeur de marché et en valeur liquidative, a certes sa cohérence, mais a des conséquences très importantes en matière de raisonnement économique : lorsque vous raisonnez systématiquement en valeur liquidative ou en valeur de remplacement, la manière de réfléchir dans son ensemble est impactée. Pour éviter ce biais, il est indispensable d'encourager les efforts de *reporting* intégré[127], visant à rendre intelligible la stratégie d'une entreprise en quelques pages, plutôt que de la dissimuler dans des rapports annuels de plus de 500 pages...

Tous les financiers, tous les dirigeants d'entreprise et d'institution du monde devraient pouvoir fournir de tels efforts et s'assurer que ces efforts répondent aux attentes sans créer un nouveau paravent de complexité. Rester accessible au public, permettre aux citoyens ou aux salariés de comprendre les grands objectifs d'un gouvernement ou d'une entreprise, d'apprivoiser ses stratégies de réforme, aider les humains à saisir la complexité du monde en évitant le simplisme, est une responsabilité fondamentale dans nos démocraties.

127. *Integrated reporting*®.

Construire un « triangle de la gouvernance » équilibré

On l'aura compris, le « réenchantement » de la finance, malgré son nom, ne se fera pas d'un coup de baguette magique. C'est un travail de longue haleine qui s'impose à nous. Il reposera naturellement sur les évolutions réglementaires, qui doivent aller au-delà du seul secteur bancaire et recouvrir la sphère financière dans son intégralité. Mais si cette mutation est nécessaire, elle n'est pas suffisante. Le comportement des acteurs doit en parallèle être recadré, sans croire au trop beau scénario d'une conversion naturelle, avec des acteurs soudain « illuminés » par le sens du bien...

La prise de conscience du changement à apporter sera bien plutôt le fait de leaders d'opinion plus éclairés ou soucieux de faire évoluer les pratiques – à l'image des diverses prises de parole qui se sont succédé récemment en faveur d'une responsabilisation de la finance, de la part de personnalités aussi reconnues que Mark Carney, gouverneur de la Banque d'Angleterre et président du Conseil de stabilité financière (FSB), Larry Fink, patron du fonds d'investissement BlackRock[128], ou encore Ronald Cohen, initiateur du projet Big Society Capital[129]. Par-delà ces voix de référence, l'indispensable prise de conscience sera aussi le fait de la pression d'investisseurs et de consommateurs finaux plus exigeants. Elle sera également influencée par l'évolution des paramètres fiscaux liés aux rémunérations

---

128. Voir pages suivantes.
129. Voir chapitre VII.

ou à la prise en compte d'externalités comme le prix du carbone. Si la montée en puissance des investisseurs institutionnels et, parmi eux, d'un petit nombre d'acteurs influents et concentrés, peut être perçue comme un risque, elle représente aussi une opportunité de reconstruire par le cœur la planète finance. Les organisations internationales, notamment les banques de développement, ont également une éminente responsabilité : celle de promouvoir, d'évaluer et de tester innovations et évolutions.

La combinaison de ces trois forces : réglementation, rôle des acteurs financiers, en particulier des plus importants d'entre eux, et engagement des organisations internationales, peut se révéler extrêmement puissante et détient probablement une des clés de la refondation. Celle-ci bénéficiera aussi des pressions de la société civile et du rôle pionnier de certaines multinationales. D'une certaine façon, on retrouve le « triangle de la gouvernance » que nous avions décrit dans notre ouvrage sur l'eau : celui « où se côtoient les pouvoirs publics, les intérêts privés (industriels, agricoles, commerciaux), la société civile associative des consommateurs et des usagers[130] ». Trois échanges principaux s'établissent entre ces différents pouvoirs :

- « Les pouvoirs publics (qui ne sont ni supprimés ni remplacés mais inclus dans le système de gouvernance) envoient des messages législatifs et réglementaires à la société civile qui est censée s'y conformer. [...] La gouvernance équilibre cet ensemble réglementaire par les "bonnes pratiques" de l'usager. [...]

130. *Eau, op. cit.*, p. 154.

- Un deuxième équilibre est établi entre les intérêts privés, industriels et commerciaux, et les pouvoirs publics. Ces derniers admettent les lois du marché : transparence de l'information, concurrence, prix et quantités d'équilibre entre l'offre et la demande. [...] Les règles de l'économie libérale sont tempérées par une régulation (et non une réglementation) qu'exercent les pouvoirs publics sur les entreprises privées. [...]
- Le troisième équilibre, entre la société civile et les intérêts privés – entre les entreprises et leurs clients –, porte sur la qualité des services offerts (cette qualité inclut leur prix) et la nature de la demande exprimée par la société. Les "clients" peuvent tout aussi bien être des usagers ou des citoyens ; les "entreprises" sont parfois des administrations et services publics, cela ne change rien à l'affaire. Il y a d'un côté des producteurs, de l'autre des consommateurs. [...] Cette soumission de l'économique à la morale est l'enjeu de ce dernier équilibre.

Chaque sommet du triangle de la gouvernance s'efforce de contrôler le bon fonctionnement de l'équilibre qui lui est opposé[131]. » Une finance réenchantée ne saurait advenir sans une recherche continue de ces équilibres.

Conjurer la tragédie des horizons

Un autre impératif, qui doit guider la refondation du système financier, est de mettre fin au diktat du court

131. *Ibid.*, p. 155-157.

terme pour prendre en compte davantage le long terme dans l'ensemble de nos actions et de nos décisions.

Vivre de l'intérieur la crise de 2007-2008 et des années suivantes a été pour moi une révélation à cet égard. Étant en charge des finances d'une des plus grandes banques du monde, je devais jongler avec deux horizons : penser à la prochaine seconde pour éviter que la banque ne heurte un récif, et me projeter à dix ans pour imaginer ce qu'on allait pouvoir reconstruire derrière... en d'autres termes, être à la fois un « banquier-pompier » et un « banquier-vigie », pour reprendre une formule que j'avais utilisée à l'époque[132]. Toutes les échelles de temps se télescopaient.

Le devoir des acteurs financiers, et plus largement des politiques et des technocrates, est de prendre en compte l'ensemble de ces échelles. C'est toute la leçon, magistrale, livrée par Mark Carney aux assureurs du Lloyd's of London[133]. Le titre de son discours, *Breaking the tragedy of the horizon* (« Mettre fin à la tragédie des horizons »), tragédie à laquelle Mark Carney assimile le changement climatique, fait référence au phénomène économique de la tragédie des biens communs (« *The Tragedy of the Commons* »). Tout son propos est de montrer combien l'horizon du problème climatique (15 à 20 ans) est éloigné de celui du trader (la minute qui vient), de celui du banquier (le trimestre qui vient, au mieux l'année prochaine), comme de celui du gouverneur de banque centrale (3 à 5 ans). Aucun acteur financier, en somme,

---

132. Cf. Michel Cool, *op. cit.*
133. Voir chapitre V.

dans l'état actuel des choses, n'est censé se préoccuper du climat. Citons de nouveau Mark Carney: « Nous n'avons pas besoin d'une armée d'actuaires pour nous dire qu'on constatera les impacts catastrophiques du changement climatique au-delà de l'horizon habituel de la plupart des acteurs – en imposant aux générations futures un coût que la génération actuelle n'est en rien directement incitée à assumer. Cela signifie qu'on les constatera au-delà: du cycle économique; du cycle politique; et de l'horizon des autorités technocratiques telles que les banques centrales, qui sont contraintes par leur mandat. L'horizon de la politique monétaire s'étend au plus sur 2 ou 3 ans. Celui de la stabilité financière va au-delà, mais, habituellement, tout au plus jusqu'aux limites maximales du cycle du crédit, soit environ dix ans. En d'autres termes, une fois que la question du changement climatique sera devenue déterminante pour la stabilité financière, il pourrait bien être déjà trop tard. » Il est de la responsabilité des financiers de conjurer cette tragédie des horizons: de faire comprendre à toutes les parties prenantes, de manière très simple et très intelligible, que « plus nous investirons en comprenant *a priori*, moins nous le regretterons *a posteriori* ».

Une autre leçon magistrale nous a été donnée en avril 2016 par Larry Fink, PDG de BlackRock: dans un courrier adressé aux dirigeants des plus grandes entreprises américaines et européennes[134], le patron du leader mondial de la gestion d'actifs leur enjoint de sortir de « l'hystérie du résultat trimestriel », de se détacher des

134. https://www.blackrock.com/corporate/en-gb/investor-relations/larry-fink-chairmans-letter

demandes immédiates des investisseurs pour redonner de la perspective à leurs stratégies. Malgré les appels répétés de chefs d'entreprises à embrasser une vision de long terme, « nombre d'entre elles persévèrent encore dans des pratiques qui minent leur capacité à investir dans le futur ». Systématiser la redistribution des profits aux actionnaires, prévient Larry Fink, c'est agir en effet « au détriment de la création de valeur sur le long terme ». Cela menace clairement la survie de ces entreprises, dans un monde où « sur le long terme, les questions environnementales, sociales ou de gouvernance – qui vont du réchauffement climatique à la diversité des conseils d'administration – ont un impact financier réel et quantifiable » désormais. La bonne nouvelle est que cette lettre semble avoir reçu un accueil positif auprès de ses destinataires... Il est vrai que lorsqu'on gère près de 5 000 milliards de dollars d'actifs, on a indéniablement le pouvoir de peser sur les pratiques des marchés !

Dans ces différentes exhortations, il s'agit non pas de se débarrasser de la finance, mais bien de la refonder. De l'utiliser pour ce qu'elle sait faire : repousser l'horizon, au lieu de l'accepter. Telle est la magnifique leçon de Jean Favier : « Ce qui fait l'homme, c'est l'horizon : celui des flots et celui des crêtes, celui qu'on voit et celui qu'on devine, celui du terre à terre et celui du rêve. L'horizon montre à chacun l'*échelle et la limite de ses besoins et de ses capacités. Il y a l'horizon qu'on accepte et celui qui recule*. L'un est stérile, et il existe. L'autre n'est qu'une idée, et il est fécond. L'un et l'autre ont la relativité de l'esprit et celle de l'instant. En les cernant, ils définissent les hommes et les choses, les ressources et les partenaires. L'intelligence sait élargir le cercle. Il y faut la volonté de créer, qui peut s'appeler l'audace, ou l'esprit d'entreprise. Il y faut aussi cette connaissance immédiate des réalités qui donne la mesure du possible, voire la distance du souhaitable. Ainsi l'horizon s'invente-t-il, aux confins du besoin et de l'ambition[135]. » C'est tout le miracle des Grandes Découvertes[136] : l'homme a élargi son horizon de manière extraordinaire quand il a arrêté d'accepter les limites du monde qu'il connaissait. Tout a commencé parce qu'Henri le Navigateur, prince de Portugal, décida un jour de payer des marins pour tenter de passer le cap Bojador, le point le plus méridional de la côte africaine connu des Européens, qui jusqu'alors passait pour être infranchissable car peuplé de monstres marins... La première expédition rebroussa chemin, la deuxième aussi, mais la troisième passa et constata qu'il n'y avait absolument rien à craindre. En somme, c'est de l'argent qui a permis de surmonter la peur et d'aller plus loin !

Je ne saurais me lasser de marteler encore et encore cette conviction : à condition qu'elle soit bien utilisée, la finance est notre meilleur outil pour gérer le long terme et les territoires inconnus qu'il recèle. Et si nous mobilisions enfin autour d'elle toutes nos intelligences et nos énergies ?

---

135. Jean Favier, *De l'or et des épices. Naissance de l'homme d'affaires au Moyen Âge*, Fayard, 1987.
136. Cf. Jean Favier, *Les Grandes Découvertes. D'Alexandre à Magellan*, Fayard, 1991.

CHAPITRE VII

Remettre l'innovation financière au service du bien commun

Refonder la finance, c'est mettre toute la plasticité et l'inventivité de cet outil au service des causes les plus nobles. C'est l'utiliser à bon escient, lui redonner le bon cap, repositionner la boussole, envoyer le bon signal. Ne pas ignorer ou critiquer la force du marché, le poids des investisseurs, le souci d'être profitable, mais canaliser ces forces pour le meilleur et non pour le pire. Ne pas nier l'énergie immense de la finance mais la déployer en empruntant ses codes, en entraînant par différents moyens ses acteurs, pour diriger les investissements sur des projets viables, porteurs de sens et d'avenir pour l'humanité. Nombreuses sont les idées, les innovations et les initiatives qui émergent en ce sens depuis quelques années. Elles démontrent combien la finance peut être utile, plus utile peut-être que nous avons jamais osé l'imaginer. Prenons-les au sérieux, déployons-les à l'échelle massive – tous autant que nous sommes : investisseurs, épargnants, clients, pensionnés... Nous verrons alors que les objectifs de 2015 sont parfaitement à notre portée.

La révolution silencieuse des marchés

L'économie sociale et solidaire est aujourd'hui en ébullition. De conférences en tribunes, de laboratoires en essais, les nouvelles approches se multiplient sur l'idée d'une finance intelligente et éthique, socialement responsable, capable de sortir de la dictature des résultats trimestriels et de penser le long terme, de construire un projet durable pour l'humanité. Mutualisme, économie circulaire, investissement d'impact, obligations vertes, valeur partagée ne sont plus des concepts qui font sourire ou lever les yeux au ciel : les logiques d'innovation financière qu'ils recouvrent suscitent désormais un intérêt réel de la part non seulement des experts, mais aussi des pouvoirs publics et des investisseurs. Partout sur la planète, nombreux sont ceux qui œuvrent aujourd'hui, très sérieusement, à promouvoir un capitalisme qui ait du sens. Un système financier refondé doit pouvoir intégrer, sans naïveté, les nouveaux produits et marchés qui en ressortent.

HEC Paris *Finance 4 Good* (conférence tenue en France le 29 septembre 2016), *Impact Funding Lab* et *Responsible Business Lab* à la Stanford Graduate School of Business, *Impact Investing Programme* à l'université d'Oxford… Les écoles les plus prestigieuses du monde se postent à l'avant-garde du mouvement. Dans la lignée des réflexions sur l'économie de la mutualité, HEC Montréal a créé par exemple son Centre de recherche sur la finance coopérative (CIRFC). Sa directrice explique combien « la course à l'homogénéité des systèmes financiers » s'est révélée être « une aberration du système, qui est par essence diversifié sur bien des plans. La diversité se traduit par la coexistence de plus d'une forme d'organisation de la finance, telles que les institutions financières à valeur ajoutée pour les actionnaires (*shareholder value*) comparativement à celles à valeur ajoutée pour les parties prenantes (*stakeholder value*), chacune étant pourvue d'intérêts et d'une vision différents de la contribution à l'économie et à la société dans son ensemble[137]. »

Des initiatives très intéressantes ont également cours aujourd'hui en application du concept de valeur partagée (*shared value*) proposé par Michael Porter, professeur de management à Harvard et directeur de l'Institute for Strategy and Competitiveness. Ce concept est autrement plus engageant que celui de responsabilité sociale de l'entreprise (RSE), adopté plus ou moins volontairement par les organisations qui, dans tous les cas, se retrouvent souvent accusées de le faire par opportunisme. Or les entreprises peuvent aller plus loin, nous dit Porter : elles peuvent « créer de la valeur économique en créant de la valeur sociétale[138] ». Mieux que protéger l'environnement de leurs agissements et se prémunir elles-mêmes contre les « externalités négatives » qui y sont liées, elles peuvent prendre la direction des opérations et intégrer la prise en compte des besoins et des attentes de la société dans leurs stratégies : en renouvelant leurs produits et services afin de les adapter aux besoins sociaux ; en augmentant la productivité dans leur chaîne de valeur (*via* l'économie des matières premières, par exemple) ; enfin, en contribuant à

137. http://financecoop.hec.ca/recherche/
138. Cf. Michael E. Porter, Mark R. Kramer, « Creating Shared Value », *Harvard Business Review*, January-February 2011.

la création de *clusters*, tels que la Silicon Valley en Californie ou les nombreux pôles de compétitivité qui existent déjà en France.

Aujourd'hui, des initiatives de « valeur partagée » sont engagées au sein de nombreuses entreprises de secteurs d'activité divers, de l'industrie pharmaceutique aux banques en passant par l'agroalimentaire. L'application du concept au secteur bancaire fait notamment des émules[139] : plusieurs grandes banques comme Barclays, ING, JPMorgan, Crédit agricole ou Société générale comprennent de plus en plus que leurs clients, à commencer par les plus importants, des investisseurs institutionnels aux entreprises, réclament des offres qui répondent aux nouveaux marchés des énergies alternatives, de l'accès au logement ou encore du développement agricole. Ces marchés sociaux et environnementaux, jugés de plus en plus « rentables » eu égard à l'ampleur des besoins[140], sont autant d'opportunités pour les banques de créer de la valeur partagée : de faire croître leurs bénéfices tout en réaffirmant leur raison d'être, à savoir servir l'économie et la société, financer des solutions aux défis locaux et mondiaux.

Autre approche révolutionnaire promise à un brillant avenir : l'investissement à impact social (*social impact investment*), appelé aussi plus simplement « investissement à impact » (*impact investment*). Il s'agit de tous les

---

139. Cf. *Banking on Shared Value. How Banks Profit by Rethinking Their Purpose*, rapport du Foundation Strategy Group (FSG), 2014.
140. Quelque 2,5 milliards de personnes à travers le monde sont encore privées d'un accès à des services bancaires de qualité (cf. *Ibid.*)

« investissements qui visent délibérément des objectifs sociaux précis ainsi qu'un rendement financier, et qui mesurent les accomplissements réalisés à l'égard de ces deux aspects[141] ». Il n'est pas anodin que le promoteur du concept, sir Ronald Cohen, grande fortune britannique et fondateur d'Apax (groupe spécialisé dans le *private equity*), soit également considéré comme l'un des pères du capital-risque : autrement dit, c'est une référence de la finance traditionnelle qui est devenue la figure de proue de la nouvelle finance. Le signe ne trompe pas. « Au fond, me racontait-il récemment, le XIXe siècle était l'âge du *return* (la question principale étant : combien mon investissement va-t-il me rapporter ?) ; le XXe était celui du *risk-return* (le retour sur investissement sera-t-il assez important pour justifier le risque encouru ?) ; et le XXIe siècle s'annonce celui du *risk-return-impact* (combien je risque, combien je gagne, quel est mon impact ?). » En somme, il s'agit de passer d'une vision à deux dimensions à une vision à trois dimensions du marché financier : une vision où l'investissement a vocation à démultiplier, au profit de tous, notre pouvoir de bâtir une société meilleure.

Dernière nouveauté de cette approche innovante du financement, les obligations à impact social (*social impact bonds*, ou SIB) : après les obligations vertes (*green bonds*[142]), les SIB, d'abord introduites au Royaume-Uni avant d'être déployées dans bien d'autres pays, sont « une forme non

141. Cf. *Impact investment: The invisible heart of markets. Harnessing the power of entrepreneurship, innovation and capital for public good*, rapport de la Taskforce internationale sur l'investissement à impact social constituée sous la présidence britannique du G8, 15 septembre 2014.
142. Obligations qui visent des objectifs environnementaux.

traditionnelle d'obligations émises par l'État (ou un emprunteur public) sans taux d'intérêt fixe mais sur une période prédéterminée par laquelle il s'engage à payer pour l'amélioration significative des résultats sociaux [comme la baisse du taux de récidive dans le cas du financement des prisons] pour une population définie[143]. » Ce concept de finance sociale, imaginé initialement pour régler des problèmes sociaux se posant sur le long terme (absentéisme, analphabétisme, récidive, exclusion sociale...) a tendance à s'élargir aujourd'hui à des domaines comme l'éducation ou la santé, au profit des populations les plus fragiles (jeunes, personnes âgées, handicapés, sans-abri...).

Ces nouvelles approches de la finance n'ont absolument rien d'utopique. La croissance de l'investissement à impact sur les marchés est rapide. Ce type d'investissement permet déjà des avancées dans la lutte contre le récidivisme, les soins aux enfants et aux personnes âgées ou encore l'inclusion financière. Des initiatives telles que celles lancées par Coca-Cola au Brésil et Danone au Bangladesh ont créé de la valeur locale et des emplois[144]. Dans le sillage de la COP21, le 1er trimestre 2016 a enregistré un volume record d'émissions mondiales de *green bonds* (16,5 milliards de dollars sur un trimestre)[145] : après les émetteurs multilatéraux (Banque mondiale, Banque européenne d'investissement, etc.) et les grandes entreprises (EDF,

---

143. *Comment encourager la philanthropie privée au service du développement ? Étude sur les modèles émergents*, rapport du Groupe pilote sur les financements innovants, étude prospective, mai 2012.
144. Voir chapitre IX.
145. Cf. http://www.climatebonds.net

Unilever, Air Liquide, Apple, etc.), les entreprises de taille intermédiaire s'y mettent également.

Sans que le grand public s'en rende compte, une vraie révolution est en train de s'opérer : comme le rappelle sir Ronald Cohen, « l'investissement à impact permet au cœur invisible des marchés de se manifester et d'orienter les gestes de ce dernier[146] ». La finance a ce grand avantage d'être un système plastique, qui réagit mécaniquement aux incitations. Il suffit de lui en donner de bonnes, exiger par exemple, quand on est client d'une banque ou d'un fonds, que les impacts des investissements consentis en son nom soient positifs, que les actifs achetés soient de qualité sociale ou environnementale, pour que le système aille dans la bonne direction. Cet enchaînement est parfois mal compris ou crée la méfiance dans la sphère publique. C'est pourquoi il me paraît urgent de mieux expliquer à tous le rôle stratégique des investisseurs. La COP21 nous a livré une leçon magistrale en démontrant que les acteurs privés et publics pouvaient travailler main dans la main ; apprenons à mieux appliquer cette approche.

Finance et climat : vers une nouvelle communauté de destin

Si la révolution silencieuse qui attise les marchés a, de fait, un rôle particulier à jouer dans la lutte contre le changement climatique, à l'inverse, les discussions sur le climat ont d'une certaine manière souligné la force d'entraînement d'une finance bien comprise. Car ne nous

146. *Impact investment: The invisible heart of markets, op. cit.*

leurrons pas : ce ne sont pas 100 milliards de dollars d'aide publique consentis chaque année par les pays du Nord aux pays du Sud, par devoir de solidarité, qui seuls changeront la donne. Certes, la conférence de Copenhague de 2009 avait fait de ce montant un symbole et il importait de traiter ce symbole comme tel : comme un signal fort de notre engagement collectif. Mais 100 milliards par an ne suffiront pas à transformer une économie mondiale de 100 000 milliards en une économie bas carbone. Cette transformation ne peut se concrétiser sans la mobilisation des marchés et donc le changement de comportement des acteurs qui y évoluent.

D'ores et déjà, de plus en plus d'entreprises et d'actionnaires prennent en compte la dimension climatique dans leurs choix d'investissement et d'épargne, dans la commercialisation de leurs produits, dans leur système de comptabilité. De plus en plus d'investisseurs, en particulier, « décarbonisent » leurs portefeuilles d'actifs en désinvestissant du charbon (comme l'a fait en 2015 Amundi, filiale du Crédit agricole) ou des hydrocarbures (à l'image de la fondation Rockefeller, qui a vendu récemment toutes ses actions ExxonMobil) pour rediriger leur argent vers des projets liés à la transition énergétique. En 2014, Engie a ainsi procédé à l'émission de la plus importante obligation verte jamais réalisée à cette date par un acteur privé (à hauteur de 2,5 milliards d'euros) pour financer de l'éolien, de l'hydroélectricité et de l'efficacité énergétique, notamment. En octobre 2015, EDF s'est également distinguée en émettant une obligation verte record en dollars, d'un montant de 1,25 milliard. La nouveauté, c'est que ces choix ne sont pas seulement éthiques, ils sont aussi financiers : « il n'y a guère de sens, financièrement ou éthiquement, de continuer à investir dans ces sociétés » qui continuent à explorer de nouvelles sources d'énergies fossiles, justifiait le Rockefeller Family Fund dans un communiqué du 23 mars 2016.

Le risque financier est devenu majeur, en effet. Les acteurs économiques ne peuvent plus ignorer le « risque de transition » décrit par Mark Carney, qui ne menace rien de moins que la stabilité financière mondiale : « Prenez, par exemple, l'estimation du budget carbone du GIEC[147] qui devrait permettre de limiter l'augmentation de la température mondiale à 2 degrés au-dessus des niveaux préindustriels. Ce budget est de 1/5 à 1/3 des réserves mondiales prouvées de pétrole, de gaz et de charbon. Si cette estimation est en première approximation correcte, la vaste majorité des réserves seraient "bloquées" : ce pétrole, ce gaz et ce charbon seraient littéralement imbrûlables sans une technologie coûteuse de capture du carbone, qui fausserait elle-même l'économie des combustibles fossiles. L'exposition des investisseurs [...], y compris des compagnies d'assurance, à ces évolutions est potentiellement énorme. » Si ces actifs financiers, qui représentent aujourd'hui des milliers de milliards de dollars dans l'économie mondiale, étaient dévalorisés trop brusquement, le monde pourrait connaître un krach dévastateur. Dans ces conditions, conclut Carney, « le financement de la décarbonation de notre économie représente une opportunité majeure pour les assureurs,

147. Groupe d'experts intergouvernemental sur l'évolution du climat (GIEC).

en tant qu'investisseurs de long terme[148] ». Les destins de la finance et du climat sont liés désormais, quoi qu'il arrive. Les marchés ont donc intérêt à anticiper le plus en amont possible la transition à laquelle ils ne peuvent échapper. C'est tout le sens de cette formule lumineuse de Carney : « Plus nous investirons en comprenant *a priori*, moins nous le regretterons *a posteriori*. »

C'est au politique toutefois qu'il incombe de fournir une boussole aux acteurs en donnant un coût aux émissions de gaz carbonique et en se tenant au cadre de prix fixé. Un tel indicateur est de nature à influer progressivement sur les comportements. Grâce à ce signal, le marché pourra ensuite faire le travail nécessaire en valorisant dans la durée les différentes énergies. Entreprises, investisseurs comme consommateurs, en intégrant un prix du carbone dans leurs modèles économiques ou leurs projets de vie, auront tous les éléments en main pour orienter leurs choix en faveur de solutions moins carbonées. « Ces mécanismes de prix du carbone ne doivent pas être considérés comme un frein pour l'économie mondiale, expliquait le président d'Engie en 2015[149]. Bien au contraire, ils seront un accélérateur de croissance, en créant de la confiance, en stimulant l'investissement et l'innovation, tout en installant les conditions d'une concurrence équitable. » Telle est, à mes yeux, une des plus puissantes illustrations de la valeur que peut créer à court, moyen et long termes une finance bien utilisée. En envoyant les bons signaux dans le cadre

148. « Mettre fin à la tragédie des horizons », *op. cit.*
149. Gérard Mestrallet, « Le prix du carbone, une boussole pour les entreprises », *Le Monde*, 16 avril 2015.

réglementaire approprié et avec le degré de surveillance et de mesure requis, nous nous mettons en capacité de dompter l'énergie financière au service du bien commun !

Jouer sur les effets d'échelle

En la matière, le champ des possibles est immense ! J'en suis personnellement convaincu depuis au moins 2002, lorsque j'ai travaillé dans le groupe de travail sur le financement de l'accès à l'eau présidé par Michel Camdessus, puis à ses côtés à l'Élysée, sur le financement de plusieurs dossiers centraux du développement.

C'est là que j'ai vécu mes premières expériences d'innovation financière au service du bien commun, à commencer par l'accès de tous à l'eau. Notre groupe de travail s'est très vite rendu compte que le sujet n'avait rien d'évident car l'imaginaire collectif tend à faire de l'eau un don gratuit de Dieu, et, partant, l'élément sacré par excellence... or force est de constater que Dieu n'a pas prévu les tuyaux pour la distribuer ! Les besoins dans ce domaine sont immenses : 180 milliards de dollars par an à l'époque, si nous voulions atteindre les objectifs du Millénaire pour le développement, soit plus de deux fois les efforts financiers existants (et près de deux fois l'aide publique au développement)[150]. Parmi les quatre-vingts mesures proposées dans notre étude « *Finance Water for all* », nous avions notamment avancé l'idée d'une « tarification durable de l'eau potable », qui reposait sur le raisonnement suivant : « Pour résoudre le gigantesque problème financier, il nous faut d'abord

150. Cf. *Eau*, *op. cit.*, p. 143.

recourir à la ressource qu'il est le plus légitime d'utiliser : l'autofinancement, grâce à une politique tarifaire raisonnable et efficace », autrement dit une politique « réaliste et socialement applicable ». Nous inspirant d'une expérience mise en œuvre avec succès en Afrique du Sud, nous sommes partis du principe qu'il était normal de payer plus cher le mètre cube servant à remplir sa piscine ou à laver sa voiture que le mètre cube destiné à étancher sa soif, d'où l'idée de rendre les premiers mètres cubes d'eau gratuits et de faire payer les suivants. Nous avons défini ainsi un « principe tarifaire de recouvrement durable des coûts », avec des formules de tarification s'efforçant de « tenir compte de la capacité contributive des différents segments de population », afin de permettre aux plus pauvres d'obtenir à un prix égal ou inférieur un bien meilleur service[151].

J'ai pu expérimenter une autre utilisation intelligente de la finance comme rapporteur général, aux côtés de Jean-Pierre Landau, inspecteur général des Finances, de l'étude sur *Les Nouvelles Contributions financières internationales*[152], autour du financement de la solidarité mondiale. C'est sans doute une des innovations dont je suis le plus fier, car, avec la création en 2005 de la « taxe Chirac » sur les billets d'avion, elle a permis de concrétiser à l'échelle planétaire l'idée d'une mondialisation responsable. Dès 2002, lors de la conférence internationale de Monterrey sur le financement du développement, le président de la République française avait rappelé qu'il est « naturel

151. *Ibid.*, p. 194-195.
152. Dite « rapport Landau », publiée en 2004 : http://www.ladocumentationfrancaise.fr/var/storage/rapports-publics/044000440.pdf

d'envisager de financer l'humanisation et la maîtrise de la mondialisation par les richesses mêmes qu'elle engendre. Nous devons donc approfondir la réflexion sur les possibilités de taxation internationale dont le produit viendrait s'ajouter à celui de l'aide publique au développement[153]. » L'idée était d'inventer une fiscalité internationale qui permette, grâce à l'effet de levier créé, de trouver les ressources indispensables au financement du développement, tout en minimisant l'effort individuel à consentir. L'importance d'une telle approche était aussi d'assurer des ressources prévisibles et pérennes, qui ne soient pas soumises aux aléas du vote parlementaire et démocratique.

Missionnés en 2003 par le président, Jean-Pierre Landau et moi-même avons ainsi constitué un groupe de travail rassemblant différents points de vue (de Attac au FMI, en passant par Bercy, l'AFD et Oxfam)[154] : les experts de haut niveau qui y étaient réunis – économistes, financiers, fiscalistes... – avaient la charge d'évaluer, d'un point de vue pratique, la faisabilité de multiples options de financements innovants, en particulier les différentes formes possibles de taxes internationales : micro-taxe sur les transactions financières, taxe sur les capitaux étrangers entrant ou sortant des paradis fiscaux, taxe carbone sur le transport maritime et aérien, micro-prélèvement de solidarité sur les billets d'avion... C'est cette dernière option que nous avons retenue, pour des raisons essentiellement pratiques, notamment parce que sa mise en

153. http://www.fondationchirac.eu/wp-content/uploads/Financements-innovants.pdf
154. Voir aussi chapitre IX.

œuvre ne créait pas de difficultés techniques, de collecte, par exemple, et compte tenu du lien du transport aérien avec la mondialisation : avec les effets d'échelle – trois milliards de billets d'avion étaient vendus à l'époque chaque année dans le monde –, une contribution universelle et « indolore » d'un dollar par billet rapporterait, sans compromettre l'équilibre économique du secteur, au moins trois milliards de dollars.

Tel est pour moi un des pouvoirs les plus extraordinaires de la finance : permettre, par un mécanisme de prélèvement marginal sur une activité économique, d'élargir la base de la solidarité et de financer un bien public, en mobilisant une fraction des nouvelles richesses créées par la mondialisation dont une large part échappait jusque-là à la fiscalité des États. En l'occurrence, la « taxe Chirac » sur les billets d'avion a permis de lever près de 2 milliards d'euros en faveur de la lutte contre le sida et les grandes pandémies. La France, avec une quinzaine de pays, a mis en place un partenariat pour allouer cet argent à la création d'une centrale internationale d'achat de médicaments, baptisée UNITAID, qui est devenue un des piliers du financement de l'accès à la santé dans le monde. En tant que centrale d'achat, UNITAID jouit d'un pouvoir de marché qui lui permet de négocier des baisses significatives de prix avec les entreprises pharmaceutiques. Plus de 80 % de ses fonds sont destinés à des pays à faible revenu.

La « taxe Chirac » est une innovation financière d'autant plus intéressante qu'elle s'est combinée à une innovation d'un autre ordre, relevant cette fois d'une activité d'ingénierie financière. L'idée, portée par le Royaume-Uni, était de créer un dispositif de « facilité financière internationale » afin de réunir des ressources pérennes pour financer la vaccination. Le calcul était le suivant : lorsqu'un certain nombre de pays comme la France ou le Royaume-Uni s'engagent à donner 10 par an pendant 10 ans, on peut prendre acte de ces engagements pluriannuels et mobiliser l'argent immédiatement sur les marchés (soit 100 dès aujourd'hui), en remboursant avec les versements à venir. Plutôt que de donner au compte-gouttes chaque année, on concentre dès le début du processus, grâce à l'emprunt contre une promesse future, l'effort de financement des États adhérant au dispositif. On crée ainsi un effet de masse beaucoup plus important et on obtient rapidement des résultats visibles. C'est ainsi que l'IFFIm (International Finance Facility for Immunisation) a vu le jour en 2006, avec pour mission d'émettre des obligations sur les marchés financiers de façon régulière grâce à l'engagement pluriannuel de 10 États[155]. Les fonds levés sont reversés à GAVI (Global Alliance for Vaccines and Immunisation), un partenariat public-privé à qui sont déléguées les fonctions administratives et la mise en œuvre sur le terrain des projets financés. À ce jour, l'IFFIm a permis de récolter 5,2 milliards de dollars. Rien qu'entre 2006 et 2008, le dispositif avait déjà contribué à sauver plus de trois millions de vies dans les pays en développement !

Avec la finance, on peut ainsi mettre en place une mécanique prodigieuse qui, dans de nombreux domaines

155. En vertu d'un accord de soutien croisé signé entre Jacques Chirac et Tony Blair, 10 % du produit de la « taxe Chirac » est allé à ce projet.

d'application, permet d'acheter en gros et en avance et de générer des effets de levier. Dans le domaine de la santé, on peut citer aussi les expérimentations financières menées par des institutions philanthropiques modernes comme la Fondation Gates : en introduisant des garanties de marché pour la vaccination, celle-ci a permis d'utiliser des vaccins à grande échelle et de les distribuer à faible coût dans les pays en développement.

Capitalisant sur mes expériences passées, je mène pour ma part une réflexion avec Jean Todt, président de la Fédération internationale d'automobile et envoyé spécial de l'ONU pour la sécurité routière, sur les moyens d'utiliser la mécanique financière en faveur de ce dossier. Avec 1,3 million de morts par an sur les routes et 50 millions de blessés, qui concernent en majorité les pays pauvres et les piétons (dont de très nombreux enfants : 500 meurent chaque jour d'un accident de la route), le problème de sécurité routière est, à l'échelle mondiale, plus dévastateur que le sida. À cette différence près qu'ici, on connaît le remède : sensibiliser les usagers de la route à travers des campagnes de prévention, faire respecter la loi, contrôler la vitesse et l'alcoolémie au volant, aménager des radars, des trottoirs, des dos-d'âne, un éclairage public adapté... Tout cela ne coûte pas nécessairement cher mais pourrait déjà sauver des dizaines de milliers de vie[156]. Afin de financer de manière pérenne ces solutions, on pourrait tout à fait imaginer une micro-taxe sur un produit

156. Construire des infrastructures routières de qualité est un problème d'une autre nature, qui coûte beaucoup plus cher et nécessite un mode de financement différent (voir chapitre IX).

automobile – à commencer par les voitures, pour lesquelles une contribution fiscale de 5 dollars serait « indolore » mais pourrait générer, compte tenu des effets d'échelle (80 millions de voitures sont vendues chaque année) des centaines de millions de dollars, et ce durablement.

Des idées de même nature peuvent probablement être mises en œuvre dans des domaines comme l'éducation : c'est un sujet sur lequel je réfléchis actuellement avec Gordon Brown, envoyé spécial de l'ONU pour l'éducation mondiale.

Les banques multilatérales de développement : des laboratoires financiers de choix

Les expérimentations que j'ai pilotées ces dernières années à la Banque mondiale ne font que me renforcer dans cette conviction que l'innovation financière peut être utilisée pour le meilleur, et pas seulement pour le pire. À mes yeux, les banques multilatérales de développement (BMD) sont la preuve institutionnelle qu'une finance maîtrisée peut contribuer à apporter des solutions durables aux questions de développement. Les innovations qu'elles sont en mesure de lancer sont capables de transformations visibles et évolutives : elles doivent se mettre en capacité de vraiment faire la différence et de changer le monde !

Premier type d'approche disruptive que j'ai pu initier à la Banque mondiale, IDA+ constitue une nouvelle manière de considérer la structure du capital de l'institution, en optimisant et en restructurant la structure des fonds propres du Groupe pour augmenter sa capacité de prêt.

Il faut expliquer ici que l'Association internationale de développement (IDA) est l'institution de financement concessionnel[157] du Groupe Banque mondiale, créée en 1960[158]. Les capitaux qu'elle lève auprès de pays donateurs servent à attribuer des dons et des prêts concessionnels à des pays bénéficiaires. Les sommes prêtées sont remboursées en temps voulu à l'IDA ; il n'est pas alors envisageable de reverser celles-ci sous forme de dividendes aux donateurs d'origine. Grâce à ces flux de capitaux, présents ou à venir, l'IDA possède dans ses comptes des actifs significatifs sans avoir de dette *per se* : techniquement, ces actifs peuvent donc être considérés comme constituant des fonds propres. Ces fonds sont considérables : plus de 100 milliards de dollars en 2016[159]. Ils peuvent être utilisés en appui d'emprunt et permettre par effet de levier de créer une importante capacité de financement supplémentaire ou offrir des garanties pour des prêts additionnels. En d'autres termes, l'IDA pourrait significativement augmenter sa force de frappe au service des plus pauvres. Telle est l'idée d'IDA+ : mieux utiliser la base de fonds propres, reconnue comme

157. Financement non assorti des conditions de garantie traditionnellement exigées par les banques commerciales et autres prêteurs. Les prêts concessionnels offrent à l'emprunteur un certain nombre d'avantages, au niveau tant des garanties que des taux d'intérêt : quand ce dernier taux est faible, voire nul, ou quand l'emprunteur bénéficie d'une exonération temporaire ou d'un étalement des remboursements, le prêt comporte un « élément don ».
158. Depuis la création de l'IDA, les pays donateurs ont contribué à hauteur d'environ 240 milliards de dollars, soit 15 fois le capital d'apport de la BIRD (Banque internationale pour la reconstruction et le développement, l'autre guichet de prêt de la Banque mondiale), presque 100 fois celui d'IFC (International Finance Corporation ou Société financière internationale, l'organisation du Groupe dédiée au secteur privé) et plus de 600 fois celui de la MIGA (Multilateral Investment Guarantee Agency ou Agence multilatérale de garantie des investissements).
159. Contre moins de 65 milliards pour IFC, la BIRD et la MIGA réunies. Même si ces fonds ne sont bien sûr pas exactement de même nature, force est de reconnaître que les donateurs ont fourni au fil des décennies des fonds considérables.

telle, des BMD, tirer profit de leur structure de bilan. Par là même, on démontre les opportunités que ce modèle bancaire unique offre aux clients et aux actionnaires. Suivant les scénarios, plus de 10 milliards de dollars de capacité annuelle sont ainsi créés.

Deuxième type d'approche financière innovante : le recours à l'assurance pour faire face aux catastrophes naturelles et aux pandémies. À mon arrivée à la Banque mondiale, j'ai pu observer en effet que l'assurance était sous-utilisée dans le financement du développement, alors que c'est un outil adapté pour gérer les chocs de toute nature et limiter leur impact sur la durée. Un tremblement de terre au Népal, une pandémie d'Ebola en Afrique de l'Ouest, une tempête tropicale au Vanuatu ou encore les chocs économiques auxquels peuvent être confrontées les économies émergentes et en développement sont autant d'obstacles sévères aux efforts de convergence qui y sont déployés. Pourtant, les acteurs du développement utilisent peu ce produit financier. Les raisons sont multiples : c'est peut-être simplement parce qu'ils ont eu une mauvaise expérience personnelle, et qu'ils pensent qu'on ne peut pas faire confiance à un assureur car il trouvera toujours un moyen de minimiser ses indemnités. Il arrive aussi souvent que les bénéficiaires, de même que certains donateurs, estiment qu'une fois la prime d'assurance payée, si l'événement assuré ne survient pas, cet argent est « perdu », n'ayant aucun impact matériel visible. Enfin, la question du prix est complexe car la plupart des domaines explorés sont nouveaux et les modèles assuranciels ne sont pas stabilisés, sans compter les nombreuses inquiétudes à l'idée que les assureurs privés tirent des bénéfices excessifs.

De fait, une assurance paraît toujours plus coûteuse avant l'accident... J'ai pris en compte ces objections lorsque j'ai défendu mon idée au sein du Groupe Banque mondiale, mais je crois aussi au pouvoir de la démonstration : comme pour toute innovation, il est essentiel d'essayer pour pouvoir ensuite évaluer et corriger.

En l'occurrence, l'expérimentation dans le Pacifique de cette approche basée sur l'assurance, combinée à une approche basée sur les marchés des capitaux, a été couronnée de succès. Notre projet pilote d'assurance du risque catastrophe partait d'un constat : les îles du Pacifique sont exposées à divers risques extrêmes (tempêtes tropicales, tremblements de terre, tsunamis) ; près de 10 millions de personnes ont été touchées sur les soixante dernières années. Au vu de la taille de l'océan Pacifique, les risques de corrélation ne sont pourtant pas aussi importants qu'on pourrait le penser ; les possibilités de diversification existent, c'est pourquoi la région n'est pas fermée à une approche assurancielle : le Japon en est l'un des plus gros donateurs et les assureurs ont envie d'être impliqués si la Banque mondiale se positionne comme un intermédiaire naturel. En d'autres termes, nous pouvions faire preuve de plus de créativité encore dans notre action sur cette zone ! En juin 2014, le Groupe a ainsi émis ses premières « obligations catastrophes » (*Cat bonds*) liées au risque de tremblement de terre et de cyclone tropical dans 16 pays des Caraïbes. Cette obligation permet de transférer le risque d'une catastrophe naturelle aux investisseurs en évitant à l'émetteur de rembourser le capital de l'obligation en cas d'événement majeur. La Banque mondiale a élaboré notamment le Programme MultiCat, qui fournit aussi une possibilité de réassurance au CCRIF[160] et auquel la France, entre autres États, a directement contribué. Par ailleurs, les lignes de crédit contingent (CAT DDO) permettent depuis quelques années de fournir dans l'urgence des liquidités immédiates à des pays frappés par des catastrophes naturelles. Ainsi, les îles Tonga en 2014 et l'archipel du Vanuatu en 2015 ont pu être aidés en l'espace de quelques semaines.

J'ai suivi le même raisonnement pour Ebola – à ceci près que les pandémies diffèrent des catastrophes naturelles : contrairement à ces dernières, il est difficile d'identifier avec précision à quel moment les pandémies se déclenchent et quand elles sont entièrement éradiquées ; par ailleurs, les dommages causés sont de nature différente et sont étalés dans le temps. Si l'on est toutefois certain d'une chose, c'est que la crise Ebola a eu un effet désastreux sur les économies et les acquis en termes de développement de la Guinée, du Liberia et de la Sierra Leone : en avril 2015, la Banque mondiale a estimé à 2,2 milliards de dollars la perte globale de PIB pour ces pays. Les coûts économiques et humains de la prochaine pandémie pourraient être plus importants encore[161]. S'il est difficilement envisageable, à l'heure actuelle, d'assurer un pays donné contre une pandémie donnée – le Liberia contre Ebola, par exemple –, il est néanmoins possible de s'assurer qu'en cas d'épidémie, on a la capacité financière de la contenir rapidement et d'organiser une première

---

160. *Caribbean Catastrophe Risk Insurance Facility* : Mécanisme d'assurance contre les risques de catastrophes dans les Caraïbes.
161. Voir chapitre IV.

ligne de défense, afin d'empêcher que cette épidémie ne devienne une pandémie encore plus mortelle et coûteuse. Dans cet esprit, le Groupe Banque mondiale a lancé une réflexion avec l'Organisation mondiale de la santé (OMS) et de nombreux autres partenaires, notamment du secteur privé, pour mettre au point un mécanisme mondial de financement d'urgence en cas de pandémie, à destination des pays et des intervenants internationaux accrédités et pré-approuvés : avec quelques dizaines de millions de dollars de primes annuelles, on pourrait ainsi débloquer des centaines de millions de dollars en cas de besoin. L'initiative est aujourd'hui en bonne voie : les parties prenantes ont convenu d'un déclencheur paramétrique utilisant des données publiquement disponibles et observables pour déterminer les paiements d'assurance. La couverture proposée se concentre sur les maladies infectieuses identifiées par l'OMS comme les plus susceptibles de provoquer des épidémies majeures. Le Japon, qui détient la présidence du G7, a le premier engagé 50 millions de dollars en mai 2016 pour abonder la nouvelle initiative. Le fait même que le concept soit devenu un modèle plausible, que les compagnies d'assurance considèrent la souscription, est une avancée majeure !

Troisième type d'approche financière innovante, relative également à la gestion des risques : les accords d'échange d'expositions (*Exposure Exchange Agreement*, ou EEA), qui reposent sur le principe de la diversification. L'idée ici est de permettre aux banques multilatérales de développement de gérer leur risque de concentration et de limiter ainsi l'impact des expositions sur leur notation, en échangeant certaines de ces expositions avec d'autres

BMD. Le risque global du système ne change pas mais il est mieux réparti entre les institutions[162], qui peuvent ainsi libérer du capital jusque-là nécessaire pour couvrir les risques de concentration dans certains pays et régions. Le Groupe Banque mondiale a d'abord testé cette solution en interne avec la Banque internationale pour la reconstruction et le développement (BIRD) et l'Agence multilatérale de garantie des investissements (MIGA), dégageant des ressources pour des investissements supplémentaires au Brésil et au Panama. En décembre 2015, de nouveaux accords ont été signés entre la Banque africaine de développement, la Banque interaméricaine de développement et la BIRD : pour un coût financier nul pour les actionnaires des trois institutions, nous avons créé une capacité de financement de 20 milliards de dollars. Autant de nouvelles ressources disponibles pour atteindre les objectifs du développement durable (ODD).

Ces diverses innovations sont autant d'illustrations du potentiel que recouvrent des outils financiers utilisés à bon escient : ceux-ci peuvent créer une capacité financière, mieux servir les pays et les populations dans le besoin, aider à gérer les risques de manière plus efficiente. Ce ne sont que des exemples parmi d'autres des diverses

---

162. Les BMD sont toutes notées. L'un des points clés considérés par les agences de notation est le niveau de concentration des expositions de ces institutions dans leur portefeuille de crédits. Par construction, au vu du nombre limité de contreparties souveraines, toutes les BMD ont une concentration de portefeuille. Ce n'est bien sûr pas totalement comparable aux divers ratios de concentration utilisés pour les banques commerciales, mais des similarités existent. Les techniques de couverture ne peuvent pas non plus être appliquées de la même manière. D'où l'idée de recourir à des produits dérivés et de réaliser des transactions impliquant différentes banques échangeant certaines de leurs expositions de manière synthétique.

solutions de financement que peuvent fournir les BMD[163]. Loin de tout simplisme ou naïveté, je crois fermement que c'est un domaine que ces institutions gagneraient davantage à explorer, tester et réinventer. Je pense en particulier au domaine plus ancien des garanties de différentes natures, des cofinancements, des mécanismes de partage des pertes, etc. Autant d'approches où le financement public a une éminente responsabilité. Plus on mobilise ensemble argent public et argent privé, chacun dans son habitat propre ou sa zone de confort, dans le cadre de règles comprises et transparentes, plus alors on démultiplie et catalyse pour un résultat important et visible. Les BMD peuvent ainsi coopérer avec des acteurs privés pour mettre en place des outils efficaces ; elles peuvent apporter leur bonne notation, un atout précieux de plus en plus rare, ainsi que leurs intelligences et leur réputation ; elles peuvent prendre des risques que d'autres, qui n'ont pas ces avantages, ne peuvent plus prendre. Les BMD peuvent faire encore bien davantage si elles se considèrent comme un système, et non comme un ensemble d'institutions. Elles ont le devoir d'essayer. Si l'échec est possible, il doit être reconnu rapidement et analysé. Les BMD peuvent et doivent jouer le rôle de laboratoires financiers pour compte commun.

Plus largement, toutes les initiatives, individuelles et collectives, qui vont dans le sens des accords de la COP21 et des ODD fixés par la communauté internationale en 2015, doivent pouvoir être encouragées. C'est sur la multiplication tous azimuts des innovations financières

---

163. Voir chapitres VIII et IX.

socialement responsables que le système international gagnera à être refondé. Ne bridons surtout pas notre imagination, dès lors que nous la mettons au service du bien commun. Innovateurs financiers de tous les pays, unissez-vous !

CHAPITRE VIII

Repousser les frontières du financement du développement

Quand on a en tête que tous les investisseurs du monde réunis vont bientôt gérer 100 000 milliards de dollars, on se dit que tout ne peut être investi en dette souveraine à taux négatif, qu'il y a forcément des solutions pour financer le développement durable et que ces solutions ne se résument pas à l'aide publique au développement (APD) ou à l'action des seules institutions publiques. Les besoins imposent bien plutôt de sortir des sentiers battus : de mobiliser toutes les forces disponibles, de mettre en contact les acteurs les plus divers, d'utiliser aussi le système financier (ses outils et ses institutions) comme un catalyseur. Les banques multilatérales de développement (BMD), comme les institutions bilatérales telles l'Agence française de développement (AFD) ou USAID aux États-Unis, ont ici un rôle historique à jouer – à condition de savoir se réinventer.

Face aux enjeux du siècle, le modèle des banques de développement est-il toujours valide ?

Quelques dizaines de milliards de dollars de capital peuvent-ils faire une différence dans une économie mondiale de plus de 70 000 milliards de dollars de PNB, et où 100 000 milliards seront bientôt gérés par les investisseurs institutionnels[164] ?

La question de la « pertinence » du modèle ou du paradigme de banque de développement est une question récurrente qui ne s'est sans doute jamais posée avec autant d'acuité. Par « pertinence », j'entends la combinaison du fait d'être unique (personne d'autre ne peut proposer ce que vous proposez), du fait d'être utile (vous faites vraiment une différence) et du fait d'être adapté (vous agissez de manière appropriée). La question se posait déjà avant que je rejoigne le Groupe Banque mondiale[165] il y a trois ans et je l'entends encore aujourd'hui alors que je l'ai quitté. Elle m'a occupé moi-même tout au long de l'année 2015, dont les trois événements phares à Addis-Abeba, New York et Paris évoqués précédemment

164. Ce chapitre reflète un *policy paper* publié au Peterson Institute for International Economics en octobre 2016, sur le rôle des institutions de développement aujourd'hui.
165. Si je me concentre ici sur le Groupe Banque mondiale, puisque c'est là que j'ai forgé mon expérience, l'analyse pourrait être appliquée à la plupart des banques multilatérales de développement : leur modèle diffère du fait de leur base de coûts (le ratio coûts-revenus de la Banque mondiale est significativement plus élevé, notamment parce que le Groupe doit prendre en compte les biens publics mondiaux) ou encore de l'importance relative accordée à l'engagement du secteur public ou privé, mais ces institutions ont beaucoup de choses en commun, en particulier leur mission et leur statut.

devaient redéfinir le cadre et les termes du financement du développement.

Certains pourraient être tentés d'ignorer encore la question en affirmant que soixante-dix ans d'histoire et d'expansion continue, dans un monde qui a profondément changé, suffisent amplement à prouver l'efficacité du modèle[166]. On peut aussi arguer que les créations récentes de la Nouvelle Banque de développement (dite Banque des BRICS) et de la Banque asiatique d'investissement pour les infrastructures (Asian Infrastructure Investment Bank, ou AIIB) confirment que cet outil est toujours le bon puisqu'il est copié par les nouveaux venus, moyennant quelques ajustements. La pertinence du modèle n'a pourtant rien d'acquis. Elle est toujours à démontrer et nécessite de constantes adaptations aux mutations du monde.

L'obsolescence est un risque. Un risque d'autant plus palpable, aujourd'hui, que de nombreux changements sont survenus depuis le dernier réajustement significatif

166. La création de la Banque mondiale remonte aux accords de Bretton Woods signés en 1944, qui créent simultanément le Fonds monétaire international (FMI). Les deux institutions ont pour but commun de remettre d'aplomb l'économie mondiale mais se voient confier des rôles distincts : la mission du FMI est la stabilité financière internationale, tandis que celle de la Banque mondiale est l'aide au développement. Depuis 1944, cette dernière s'est élargie pour passer d'une seule institution à un groupe de cinq organismes étroitement liés entre eux : la Banque internationale pour la reconstruction et le développement (BIRD), initialement chargée de soutenir le processus de reconstruction et de développement d'après-guerre (d'où son nom), a désormais pour mandat de réduire la pauvreté dans le monde au côté de son institution affiliée, l'Association internationale de développement (IDA), ainsi que la Société financière internationale (IFC), l'Agence multilatérale de garantie des investissements (MIGA) et le Centre international pour le règlement des différends relatifs aux investissements (CIRDI). Ces institutions sont administrées par les États membres du Groupe Banque mondiale.

du modèle à la fin des années 1990, en amont de l'adoption des objectifs du Millénaire pour le développement (OMD). Comme nous l'avons déjà largement développé, le monde a subi de multiples chocs durant la première décennie du siècle, parmi lesquels quatre changements majeurs ont ou auraient dû impacter le modèle de banque de développement.

La transformation de la carte économique du monde, sous l'effet de la montée en puissance des économies émergentes, soulève un certain nombre de questions de gouvernance et d'ordre financier. Les besoins de ces économies ont changé à mesure que leurs attentes se sont sophistiquées et qu'ont augmenté les volumes en dollars nécessaires. Le ralentissement de la croissance mondiale, confirmé cette année, montre aussi combien ces économies sont de plus en plus interdépendantes aux effets dits de *spillover* et *spillback*[167]. Ces phénomènes nouveaux exigent la constitution difficile de filets mondiaux de sécurité financière, ainsi qu'un partage des risques élargi, impliquant un réajustement des modalités d'intervention des banques de développement.

Le réajustement est d'autant plus nécessaire qu'une coopération Sud-Sud a émergé en parallèle. Dans les années 1990, la Banque mondiale représentait à elle seule la moitié du multilatéralisme, ce qui aujourd'hui n'est plus le cas : la création en 2014 de l'AIIB et de la Banque des BRICS a clairement signalé un changement du paysage concurrentiel. Ce changement est à mes yeux positif : parce

167. Mesurant les effets d'une décision d'un pays sur les autres pays et l'effet inverse.

que la concurrence est en général bénéfique ; parce qu'il conforte l'approche multiculturelle de la coopération, après des années de critique adressées à la Chine pour son individualisme ; et parce qu'il peut aider à résoudre des questions qu'on ne pouvait traiter lorsque nous étions seuls : une capacité supplémentaire de 10, voire 20 milliards de dollars par an, dans un monde où les besoins se chiffrent en milliers de milliards, laisse bien assez de place pour tout le monde. Nul lieu donc de s'offusquer de la naissance de nouveaux bailleurs de fonds régionaux et multilatéraux !

Autre bouleversement structurant pour les acteurs du développement : la transformation du rôle traditionnel des banques dans le financement de l'économie, à la suite de la crise financière mondiale. En raison des modifications réglementaires et des attentes du marché, il est devenu plus coûteux et moins attractif pour une banque commerciale de financer à long terme des projets complexes, risqués et « exotiques », c'est-à-dire loin de leur marché domestique et de leur habitat naturel. C'est particulièrement évident pour les infrastructures, mais c'est aussi valable pour la santé ou l'éducation. Désormais, on l'a vu, la capacité d'action financière se trouve de plus en plus entre les mains des investisseurs institutionnels. Or, si ces acteurs ont pris une place centrale dans le financement de l'économie, ils ne sont pas encore pleinement à même d'investir dans des économies émergentes et en développement. Force est de constater qu'ils ne fonctionnent pas comme des banques : leurs marges sont moins importantes[168], ils n'ont

168. Des dizaines de points de base (bps), soit 0,1 %, contre des centaines pour les premières, soit plusieurs pour-cent.

pas de filiales ni d'employés dans les différents pays, et, dans l'ensemble, ne connaissent pas bien ces économies. Sans compter qu'ils ont leurs propres contraintes réglementaires (la plus connue étant Solvabilité II pour les assureurs). Dans ces conditions, les BMD ont clairement un rôle d'intermédiaire à jouer pour faire en sorte que les fonds soient injectés dans des projets attractifs, créateurs d'emplois sûrs et rémunérateurs, dans un cadre approprié.

Cela est d'autant plus évident que le rôle du secteur privé dans le développement est désormais reconnu comme clé. On l'a vu, c'est là probablement le changement le plus important et le moins visible depuis 2000 et l'adoption des OMD[169]. Entretemps, l'aide publique au développement, même si elle a presque doublé, s'est réduite relativement à d'autres sources de financement telles que les investissements directs à l'étranger, les transferts de fonds et, plus généralement, les flux d'investissement privés Nord-Sud. Loin d'être une source de financement « maléfique », cet argent privé est indispensable et bienvenu. N'oublions pas qu'une bonne part des infrastructures réalisées dans les pays industriels depuis deux siècles, et dont nous sommes plutôt satisfaits, a été financée par le marché de l'époque, que les opérateurs soient publics ou privés. Ne nous privons d'aucune de ces ressources. Les ressources publiques domestiques, qui ont contribué au XIXe siècle, au côté de l'épargne, à l'équipement de la première révolution industrielle, sont centrales dans toute réflexion sur le financement des économies et doivent être aujourd'hui augmentées par un impôt plus important

169. Voir chapitre I.

et mieux réparties[170]. Mais n'est-il pas tout aussi pertinent d'utiliser au mieux l'énorme réservoir d'épargne privée que la mondialisation a mis à la disposition de la planète ? Et ne pourrait-on pas s'appuyer sur les transferts publics pour créer un effet de levier ? Dans un monde où le nouvel ordre du jour est de passer « de milliards à des milliers de milliards » pour financer le développement durable de notre planète, les ODD ainsi que les objectifs de la COP21 exigent de capter le potentiel de toutes les sources et capacités de financement disponibles dans le monde[171]. Pour autant, ces ressources doivent être canalisées afin d'être dirigées vers des projets porteurs de sens, afin de travailler en faveur d'une croissance inclusive, d'une prospérité partagée qui profite d'abord aux plus pauvres. D'où la nécessité de mettre en place les moyens nécessaires d'une « intermédiation » efficace, en

---

170. Cf. *From Billions to Trillions: Transforming Development Finance*, *op. cit.* : « la mobilisation des ressources nationales (DRM) est devenue une source de plus en plus clé pour financer les plans de développement nationaux. Compte tenu des tendances positives de la croissance mondiale, la DRM des économies émergentes et en développement s'est élevée à 7 700 milliards de dollars en 2012. Autrement dit, les trésors des pays en développement reçoivent aujourd'hui chaque année plus de 6 000 milliards de dollars supplémentaires par rapport à 2000, aidant ainsi à réduire la dépendance à l'aide et à augmenter la solvabilité de nombreux pays. »
171. Cf. *Ibid.* : « Pour financer les investissements nécessaires à la réalisation des ODD, la communauté internationale doit changer d'échelle, pour passer des milliards d'aide publique au développement à plusieurs milliers de milliards d'investissements tous azimuts, humains et matériels, et provenant de sources publiques et privées, nationales et internationales. Les ODD exigent en effet d'utiliser aussi judicieusement que possible chaque dollar de dons disponible, à commencer par les 135 milliards d'aide publique au développement. Mais cela concerne aussi les dons de particuliers, les transferts des migrants, les flux Sud-Sud, les autres formes d'aide publique et les investissements directs étrangers. Pour atteindre les niveaux attendus, deux autres grandes sources de financement devront être mobilisées : les ressources intérieures de chaque pays, puisque c'est là qu'ont lieu l'essentiel des dépenses de développement, et les financements et investissements du secteur privé, avec un réel potentiel pour obtenir des fonds supplémentaires. »

utilisant tous les types d'instruments permettant d'atténuer et de répartir les risques, notamment l'instrument clé des garanties[172].

Dernier changement de nature à affecter le modèle des BMD : la prise en compte de nouvelles préoccupations mondiales partagées comme le climat, la fragilité liée aux migrations et aux pandémies, ou encore l'égalité des hommes et des femmes. Ces questions englobent et vont bien au-delà des biens publics mondiaux traditionnels. Face à l'augmentation, à une vitesse alarmante, des pertes imputables aux catastrophes naturelles liées aux pressions exercées par l'activité humaine sur le climat, le financement climatique est devenu, on l'a vu, un thème à part entière avec de nouveaux produits (obligations « vertes », par exemple) et de nouvelles approches (en termes de types de projets, de notation ou encore de gestion des risques). La fragilité est également un cas qui exige de revoir nos paradigmes : en mobilisant des capitaux pour des projets à haut risque, mais aussi en développant de nouveaux instruments financiers pour atténuer ces risques[173].

La pertinence des questions du genre, de la diversité, des minorités et la nécessité de les prendre en compte dans les politiques de financement commencent elles aussi à

---

172. Cf. *Eau*, *op. cit.*, p. 205 *sq.* : Les garanties « peuvent revêtir différentes formes mais, *in fine*, il s'agit toujours de la même chose : une institution extérieure à un projet apporte une garantie qui permet aux promoteurs du projet de faire face à un risque spécifique qui dépasse leur surface financière actuelle et de rendre possible le financement d'un projet ou d'en diminuer le coût. »
173. Voir chapitre VII.

être reconnues, bien que l'évolution des mentalités soit ici plus lente. Quand une institution comme la Banque mondiale est amenée à travailler avec l'Ouganda, qui a une vision des droits humains très restrictive, doit-elle conditionner son aide ? Il y a quinze ans, une telle question n'était pas abordée. Depuis, une approche de la finance *via* le prisme du genre s'est progressivement diffusée, reposant sur l'idée que l'outil financier peut aider à promouvoir les femmes dans la société. Je suis personnellement convaincu de la pertinence de ce pari, notamment dans les pays émergents et en développement, où la détermination et l'esprit d'initiative des femmes se vérifient chaque jour. Je garde une très forte impression de ma visite, au Henan, de deux PME dirigées par des Chinoises et soutenues par The Bank of Luoyang, elle-même financée par IFC (Société financière internationale, l'institution du Groupe Banque mondiale chargée des opérations avec le secteur privé)[174] : entre l'une, chef d'une plate-forme de *trading* de matières premières en ligne, très orientée « nouvelle économie », et l'autre, fabricante pour Ikea, qui m'a fait visiter au pas de course des halls gigantesques où s'alignaient les noms « barbares » des produits du leader suédois du mobilier, le contraste était saisissant ! Mais chacune de ces femmes entrepreneurs, dans son genre, avait un réel charisme et la même envie de créer.

Reste à penser toutefois comment aborder ces biens publics mondiaux. Pendant de nombreuses années,

174. Dans le cadre du programme mis en place par la Banque mondiale pour faciliter l'accès au financement des femmes entrepreneurs.

la tentation a été de créer des « fonds mondiaux » : la démarche a eu des vertus, notamment en termes de visibilité, de collecte de fonds et, dans certains cas, de résultats ; mais elle ne traite pas de manière satisfaisante les interdépendances entre toutes les questions auxquelles une institution financière plus intégrée devrait être en mesure de répondre. Le juste équilibre est encore à trouver. Dans tous ces domaines, une banque de développement a clairement une capacité et un devoir spécifiques à agir là où personne d'autre ne le peut.

Refonder le système tout en préservant son essence

Les acteurs du développement, et les institutions multilatérales en particulier, doivent tirer les leçons de ces profondes mutations et adapter la façon dont ils fonctionnent. Comment redéfinir la taille optimale des bilans, et avec quelles incitations pour maximiser celle-ci ? Comment assurer une gestion productive des fonds dans un contexte de budgets publics contraints et une sensibilité accrue du public sur l'efficacité des dépenses ? Comment favoriser de nouveaux instruments financiers, y compris ceux pour le financement vert, la gestion des risques de catastrophe et le soutien aux femmes entrepreneurs ? Comment encourager les institutions multilatérales à intégrer dans leur activité le rôle complémentaire des partenaires du secteur privé ? Comment développer la capacité de ces banques pour mobiliser les investisseurs institutionnels et leur intermédiation ? Comment étendre et valoriser l'instrument clé des garanties ? Autant de questions qu'il a fallu aborder de front lors du débat sur la révision du cadre de risque et de financement du Groupe Banque mondiale[175].

Lorsque j'ai rejoint le Groupe début 2013, j'ai rapidement constaté que, pour la plupart des équipes, le débat s'était terminé après l'augmentation de capital accordée en 2009-2010. La Banque avait fait alors un important effort, atteignant le niveau record de plus de 44 milliards de dollars d'engagement, avant de revenir à des engagements plus modestes de l'ordre de 15 milliards par an, dont elle semblait se contenter. La reconstitution des ressources de l'IDA fin 2013 était dépendante des ressources budgétaires contraintes des plus importants donateurs, tout particulièrement en Europe, alors même que l'institution s'était fixé l'ambitieux objectif d'éradiquer la pauvreté d'ici 2030. Avec une capacité totale d'engagement estimée à 50 milliards par an pour l'ensemble du Groupe, le sentiment général était que faire plus était impossible[176]. L'idée d'en revoir les niveaux n'était pas vraiment considérée comme une option... D'un point de vue financier, la priorité était de s'assurer que l'on tirait le meilleur parti des ressources disponibles.

De mon côté, je suis arrivé avec quelques idées simples en tête. Ma principale conviction était la suivante : le Groupe Banque mondiale n'est pas une agence mondiale

175. Le besoin d'ajustement était moins prononcé à IFC – qui a récemment souffert, comme attendu, d'un environnement plus hostile – ou à la MIGA : du point de vue du modèle financier, ces institutions étaient plus avancées, notamment du fait de leurs liens plus étroits avec le secteur privé.
176. C'est devenu une prophétie autoréalisatrice à la BIRD notamment, confrontée au risque de voir son engagement annuel de 15 milliards de dollars commencer à décliner.

de développement – ou pas seulement ! Il est également une banque, et c'est précisément ce qui différencie cette institution des autres qui travaillent dans le même domaine. Qu'apporte de plus le fait d'être une banque ? Avant tout, un bilan, et donc la capacité à se projeter dans le futur et à jouer avec le temps. Ensuite, la capacité à prendre des risques, à les mesurer et à choisir la meilleure façon de les gérer. Un accès à tous les types de marchés et aux infrastructures associées (de la notation aux accords d'échange et aux contrats de réassurance). La capacité à former et à structurer des partenariats. Le fait de ne pas dépendre d'un soutien budgétaire décidé sur une base annuelle, la capacité de dégager des bénéfices et de les conserver pour constituer et développer son capital. S'appeler « Banque mondiale » est en outre incroyable quand on souhaite faire un tel métier.

Cela ne coulait pourtant pas de source pour les différentes parties prenantes du Groupe. Ainsi que l'a formulé très simplement une des personnes qui m'assistaient dans la réforme financière, la compréhension générale du modèle de la Banque mondiale était jusqu'alors de cet ordre[177] : « Donnez-moi de l'argent, que je le dépense ». Mon interprétation en avait été : « Je ne sais pas d'où vient l'argent, et je m'en moque, mais je sais que mon idée est bonne et que votre travail est de faire en sorte que mon idée ou mon projet soit financé correctement... » L'idée selon laquelle l'institution est d'abord une banque, offrant par là même une flexibilité ainsi que d'intéressantes opportunités et constituant un instrument clé sur le plan

---

177. À nouveau, ce constat concerne moins IFC et la MIGA.

international, n'était pas pleinement appréciée par le système. Pour ma part, j'étais convaincu que l'exploitation du modèle bancaire dans toutes ses potentialités pouvait être bien plus efficace. Si les circonstances économiques et financières nécessitaient une restructuration du système, exigeant de repenser la capacité financière et les paradigmes acceptés jusque-là, il fallait aussi préserver son essence : une banque de développement est avant tout une banque, et c'est ce qui la rend pertinente.

La réforme conduite à la Banque mondiale s'est donc voulue à la fois un réajustement des approches traditionnelles et une tentative d'adaptation au nouvel environnement mondial. Parmi les quatre objectifs que je m'étais fixés, rétablir la viabilité financière et rendre le modèle autosuffisant et durable était primordial : c'était une question à la fois de capacité et de crédibilité. Toute banque[178] a en effet l'obligation d'être rentable pour se développer : les bénéfices non distribués sont le fondement de la croissance du capital, qui permet à son tour le développement de la capacité financière. La mécanique de ce cercle vertueux semble évidente mais est trop régulièrement perdue de vue. À l'inverse, un cercle vicieux se met en place quand les dépenses dépassent les revenus et que le capital diminue, en termes réels, d'abord, puis en termes nominaux. Dans une banque, revenus et dépenses doivent être liés : celle-ci n'a pas la marge de manœuvre d'un gouvernement pour qui le déficit peut être une option. C'est aussi une question de crédibilité, pour

178. Même si votre système est rendu plus complexe sous l'effet d'instruments comme les fonds d'affectation spéciale, en particulier.

une institution dont le quotidien est d'expliquer à ses partenaires, privés et publics, comment gérer leurs situations financières et ajuster leurs comptes. Quand on se voit confier des ressources publiques, capitaux ou subventions, on a le devoir de démontrer que cet argent est utilisé de manière pérenne. Une augmentation potentielle du capital ne s'imposera que s'il est évident que tous les capitaux additionnels vont bénéficier aux clients et non à un système sous pression. C'est bien la responsabilité du management que de veiller à ce que l'institution « fasse ses devoirs à la maison ».

Pour un modèle utile, unique et adapté

La réforme menée à la Banque mondiale a été radicale et perçue comme telle. L'institution en avait besoin. De fait, elle a largement anticipé la demande exprimée par le G20 d'optimiser les bilans des banques multilatérales de développement. Optimiser, c'est-à-dire assainir et développer de manière durable, plutôt que de jouer à celui qui aura le bilan le plus important.

Je me suis retrouvé, de manière très inattendue, à rappeler ces fondamentaux alors que j'étais en déplacement en Chine, à Xiamen. Durant le banquet officiel, le gouverneur adjoint de la province du Fujian (l'une des provinces chinoises les plus prospères et les plus ouvertes aux capitaux privés), porte un toast pour le moins sarcastique : « Monsieur Badré, la Banque mondiale c'est très bien, mais si vous étiez une banque chinoise vous ne seriez que la 10e du pays : vous n'êtes pas si gros que ça… » Mon hôte mettait le doigt sur un vrai sujet, mais l'implicite n'était pas tout à fait ce pour quoi je me battais au quotidien. Et je me suis vu lui répondre : « Certes, mais n'oubliez jamais que s'il est aisé de faire grossir une banque, il est plus compliqué de la faire grossir en bonne santé... Il est facile de faire du crédit à la chaîne, de prêter à une grande quantité de gens ; ça l'est moins de s'assurer qu'ils vont pouvoir rembourser. Par ailleurs, la taille du bilan n'est pas la seule chose qui compte : tout aussi importante est la capacité à travailler avec les autres – et c'est le cas de la Chine, au développement de laquelle la Banque mondiale a beaucoup œuvré, en collaborant notamment avec Deng Xiaoping... Au-delà des chiffres, c'est cette réalité immatérielle qui fait toute la différence. »

Qu'est-ce qui, en l'occurrence, rend le Groupe Banque mondiale utile, unique et adapté, et justifie son existence et son rôle dans la nouvelle ère qui s'est ouverte ? Pour répondre à cette question, je me propose d'utiliser la formule suivante : $Pe = (C^2+P^2+I^2) \times O \times M^2$, où les symboles désignent :

- Pe : la pertinence ;
- C : le capital et les connaissances ;
- P : public/privé et partenariats ;
- I : l'innovation et l'implémentation ;
- O : l'ouverture ;
- M : la dimension mondiale.

C^2. Le Groupe Banque mondiale n'est ni une société de conseil, ni une banque d'épargne ; il fournit à la fois des services financiers et du conseil. C'est ce qui le différencie, par exemple, de la plupart des agences de l'ONU. Les autres banques multilatérales de développement partagent cette caractéristique, même si la proportion relative des deux C peut varier d'une institution à l'autre. Cela suppose que le Groupe s'emploie à maximiser sa capacité financière en respectant les contraintes imposées par sa notation et l'oblige à protéger ses connaissances, à les faire fructifier et à les rendre accessibles, d'une façon appropriée, simple et attractive, à tous ses clients et partenaires. Les connaissances doivent être constamment mises à jour et irriguer le système en continu.

P². Le Groupe Banque mondiale comprend différentes institutions qui comptent des clients tant publics que privés. Les gens parlent souvent d'IFC comme de son « bras privé » (*private arm*) et de la BIRD comme de son « bras public » (*public arm*). C'est encore largement vrai. Mais ce qui fait le caractère unique du Groupe, c'est son assise solide avec ces deux groupes de clients. La plupart des BMD sont plus axées sur le secteur public ; la BERD est privée ; la BID élargit son approche privée ; mais aucune n'a la profondeur ni l'ampleur du Groupe Banque mondiale, avec son potentiel d'unir les forces publiques et privées. Pour autant, ce potentiel ne suffit pas. Il ne s'agit pas uniquement du secteur privé d'un côté et du secteur public de l'autre, mais d'assembler ces forces en cas de besoin. Or ce n'est toujours pas évident malgré les progrès des dernières années. C'est pourquoi un des objectifs de la réforme a été de faire en sorte que la collaboration soit réelle avec les acteurs privés, qu'elle soit efficace et non pas artificielle, en sachant que, dans un monde où la méfiance reste de mise entre les différents acteurs, une nouvelle approche audacieuse était nécessaire[179].

179. Voir chapitre IX.

Ce qui m'amène aux partenariats. Grâce à son positionnement central et à sa capacité à réunir tous les acteurs (« *convening power* »), le Groupe Banque mondiale a une capacité unique de structurer toutes sortes de partenariats, allant des fonds fiduciaires aux groupes de travail, en passant par les coalitions. Si ces partenariats sont possibles, c'est grâce à la structure bancaire et opérationnelle du Groupe, mais aussi, et peut-être surtout, grâce à l'esprit d'entreprise de ses équipes. Reste encore à mieux organiser et prioriser toutes ces forces en fonction des priorités suggérées par les actionnaires, à mieux structurer en particulier la capacité de la Banque à mobiliser les capitaux octroyés par des tiers.

Telle est ma conviction : dans le monde de l'après-crise financière[180], les banques de développement devraient être autant des outils de financement que des instruments de mobilisation. Évidemment, le financement est prioritaire : il permet de donner voix au chapitre, d'attirer le respect et l'attention. C'est pourquoi il était si important de développer la capacité d'engagement du Groupe Banque mondiale. Mais les banques multilatérales de développement (BMD) ont aussi un rôle majeur à jouer pour générer un effet de levier, qui est le seul moyen à mes yeux d'obtenir des capitaux et des produits innovants. Le rapport *From Billions to Trillions*, signé conjointement par le FMI, la BEI et toutes les BMD, a été une déclaration forte en ce sens : « Grâce à notre vaste expertise, les BMD et le FMI

---

180. On pourrait faire valoir que nous n'en sommes pas encore sortis et que cette déclaration est optimiste. L'argument n'en est pas moins valable puisque l'une des conséquences de la crise, à savoir le passage de témoin des banques aux investisseurs, est déjà une réalité.

ont été les moteurs du financement pour l'ensemble de la communauté du développement, avec des modèles d'affaires qui nous habilitent non seulement à fournir des conseils ô combien nécessaires en matière politique, mais aussi à jouer un rôle de catalyseur dans la mobilisation et l'obtention de fonds provenant de sources variées – passant du traditionnel "financement du développement" à une approche plus large et plus globale de "finance pour le développement"[181]. »

De longue date, la plupart des banques mobilisent des capitaux privés, dans le sens où tout investissement a un effet exponentiel qui permet d'attirer des investissements privés supplémentaires. Chez IFC, qui est plus spécifique dans ses comptes, les capitaux sont levés contre rétribution *via* différents canaux[182]. Mais les BMD peuvent aller encore plus loin. Elles ont notamment le devoir de jouer un rôle d'intermédiaire auprès des investisseurs institutionnels, qui dominent aujourd'hui le financement de l'économie, pour orienter leurs fonds vers les projets les plus intéressants. Elles ont démontré au fil des décennies qu'il était possible de générer des rendements réels sur les marchés émergents et en développement. Elles peuvent aider à combler l'écart de perception du risque, qui dissuade aujourd'hui ces acteurs d'investir dans de tels pays. Elles ont pour elles l'avantage de ressources

181. *From Billions to Trillions, op. cit.*
182. La syndication de prêts « B », la levée de fonds par sa filiale Asset Management Company (fonds propres), ou encore les prêts MCPP (Managed Co-Lending Portfolio Program : il s'agit ici de dette), plus récents et plus novateurs, pour lesquels des investisseurs externes s'engagent à ses côtés. Intelligemment combinées, les deux approches ouvrent la voie à un effort de mobilisation systématique.

moins coûteuses, grâce à leur notation de haute qualité, à leurs instruments et garanties d'atténuation des risques ou encore à leur assistance technique. Elles peuvent par exemple canaliser les financements appropriés *via* le refinancement de banques locales. Elles peuvent également aider les pays à élaborer des cadres réglementaires solides et un climat des affaires susceptibles d'attirer des flux de financement en croissance[183]. Elles peuvent encore contribuer au développement des marchés de capitaux et des marchés financiers locaux, ceux-ci pouvant représenter des opportunités pour l'épargne domestique et des sources de financement stables et durables pour l'économie, souvent à la clé de la capacité des pays à soutenir leur propre développement.

Personnellement, je suis un fervent partisan de ce dernier levier d'inclusion. Comme le rappelle notre ouvrage sur l'eau, « il est de nombreuses raisons de favoriser l'épargne locale et la constitution de marchés financiers dans les pays émergents et en développement : fixer l'épargne locale et non la voir partir sous d'autres cieux, favoriser la meilleure adéquation emplois-ressources, diminuer les coûts des financements[184]... » Les banques multilatérales de développement (BMD) ont un rôle crucial à jouer dans l'enclenchement de cette dynamique vertueuse. Sur les marchés locaux de capitaux, qui « n'existent le plus souvent qu'à l'état embryonnaire et ne traitent que des courants d'affaires symboliques, le plus souvent au profit

183. Cf. le rapport *Doing Business* publié chaque année par la Banque mondiale.
184. Cf. *Eau*, *op. cit.*, p. 209 *sq.*

du financement du Trésor public[185] », elles peuvent utiliser leur signature AAA pour émettre en monnaie locale : en attirant l'attention des investisseurs et en stimulant l'activité, le marché local gagne ainsi en volume et obtient un point d'ancrage pour soutenir les développements futurs, pour le plus grand bénéfice des entreprises et des États.

Depuis 2011, la Banque mondiale a ainsi émis pour près de 8,5 milliards de dollars d'obligations libellées en 19 devises, y compris, pour la première fois, en shillings ougandais, en bahts thaïlandais et en yuans chinois. De son côté, IFC a émis 14 obligations en monnaie nationale depuis 2002, dans des pays où elle a souvent été le premier émetteur international sur le marché obligataire concerné. Elle a émis des obligations au Rwanda et des négociations sont en cours avec d'autres pays en développement d'Afrique et d'Asie, ainsi qu'avec des pays émergents d'Europe et d'Amérique latine. Le mécanisme offre en effet des opportunités quel que soit le degré d'avancement des économies. En permettant aux acteurs rwandais d'acheter un bon du Groupe Banque mondiale en francs du Rwanda, par exemple, on leur donne l'assurance, grâce au AAA, que ce bon est de qualité ; cela donne de la visibilité au marché à la fois en termes de prix (on sait combien vaut un bon AAA, donc on peut investir sur cette base) et en termes de confiance. Autre exemple intéressant :

185. *Ibid.* : « La création de marchés financiers ne s'improvise pas. C'est un domaine par excellence où l'assistance technique des pays avancés aide à gagner un temps précieux et évite des erreurs initiales, en permettant notamment d'accélérer la formation des acteurs locaux et d'adopter d'entrée les règles de fonctionnement qui ont fait leurs preuves ailleurs en matière de discipline, de transparence, de liquidité, d'égalité des conditions d'accès, etc. »

l'Inde, qui est certes plus avancée, mais dont la monnaie n'est pas convertible. Au moment où son économie a été très chahutée sur les marchés, le fait de pouvoir émettre, grâce à IFC, un bon en roupies « offshore[186] », lui a permis de recycler de l'épargne indienne pour investir dans l'économie nationale. C'est à mes yeux l'une des illustrations les plus puissantes de l'utilité de la finance au service du bien commun.

Mais les BMD peuvent aller plus loin encore, j'en suis convaincu. Les outils qui sont d'ores et déjà à leur disposition ont beaucoup de valeur et en créeraient davantage encore s'ils étaient multipliés et ajustés, afin de répondre aux besoins spécifiques de chaque pays, de chaque partenaire, de chaque investisseur – et de chaque défi mondial. Avec toujours un seul et même objectif: créer de la confiance. Les BMD, qui ont longtemps agi comme un pont entre les secteurs public et privé, capables de réunir une variété d'acteurs autour des questions importantes de développement, ont la responsabilité de montrer la voie dans ce domaine.

I². Dans ce monde qui évolue rapidement, l'innovation est un prérequis. Nous avons vu combien la finance était inventive dans ce domaine : des outils utilisés à bon escient peuvent créer une capacité financière, mieux servir les clients ou encore aider à gérer les risques de manière plus efficiente. Cette caractéristique attrayante du modèle de

186. L'une des manières de développer les marchés financiers dans les pays émergents réside dans la vente « offshore » d'obligations libellées en monnaie nationale aux investisseurs internationaux et nationaux.

banque de développement est trop souvent ignorée ou trop peu envisagée. L'une de mes priorités, dans la réforme conduite à la Banque mondiale, était précisément de mieux valoriser la capacité d'innover que nous confèrent notre notation AAA – cette signature de plus en plus unique au monde nous « oblige » ! – ainsi que notre effectif de plusieurs milliers d'employés très compétents et notre capacité de mobilisation, dans le but de nous adapter aux nouveaux besoins et aux nouvelles attentes. On m'a parfois reproché d'être un « banquier » ; je comprends bien d'où viennent ces critiques. Mais je crois sincèrement qu'un banquier peut lui aussi contribuer à faire les choses différemment et aider les plus vulnérables. La finance a pleinement démontré son potentiel de destruction de valeur[187], il était – il est encore grand temps – qu'elle démontre son utilité.

Aucune autre institution que le Groupe Banque mondiale n'a une réelle capacité de jouer le rôle de laboratoire financier pour la communauté mondiale. Pour avoir une idée de sa force sous-jacente, il suffit de compter ses publications phares, largement reconnues, ou les nombreuses conférences et réunions que ses équipes organisent chaque jour à travers le monde. Ce n'est pas pour autant une institution académique – elle ne peut ni ne doit l'être : il faut trouver le juste équilibre. Mais le Groupe ne doit pas être un simple dépositaire de connaissances figées : il doit être l'instigateur de nouvelles idées, en matière tant de finance que de politiques de développement. Et ces idées doivent pouvoir être implémentées sur le terrain. En la

187. Voir chapitre II.

matière, les soixante-douze ans d'expérience du Groupe sont irremplaçables, car la capacité de mise en œuvre est la compétence à la fois la plus précieuse et la plus longue à acquérir.

O. La capacité d'ouverture est l'anticorps indispensable à toute organisation bureaucratique, qu'elle soit publique ou privée. Tout grand groupe a tendance à prendre ce chemin, et, partant, à se replier sur lui-même lorsque le contact avec les clients se fait trop distant. À l'heure où les organisations qui performent sont peu capitalistiques et ultra-connectées[188], le Groupe Banque mondiale doit rester ouvert au monde extérieur et être constamment à l'écoute des évolutions des univers économique, numérique, académique, etc. Dans un groupe aussi vaste, avec des effectifs aussi importants, le risque est de perdre le contact avec le reste du monde, de jouer le « nous » contre le « eux ». S'assurer d'un lien toujours plus étroit entre la majorité des employés et les clients du Groupe peut contribuer à limiter ce risque. De ce point de vue, j'ai tendance à penser que les effectifs du siège à Washington sont probablement disproportionnés par rapport au personnel en contact avec les clients sur le terrain.

M. La Banque mondiale est doublement mondiale, et c'est ce qui la rend vraiment unique et différente des autres institutions de développement. Elle l'est par sa présence mondiale, avec des bureaux dans plus de 100 pays : son réseau est un atout essentiel dont elle pourrait tirer encore mieux parti. Elle l'est aussi par son accès au niveau de

188. Voir chapitre I.

décision mondial, qui offre un éventail d'opportunités encore trop peu valorisées[189].

En dépit des défis émergents et de la compétition grandissante, le Groupe Banque mondiale a en somme tous les ingrédients entre les mains pour rester pertinent dans le monde d'aujourd'hui. Rien pourtant n'est jamais acquis : la pertinence ne va pas de soi, elle doit être prouvée jour après jour en jouant avec tous les éléments de l'équation $Pe = (C^2 + P^2 + I^2) \times O \times M^2$.

Le miracle de Bretton Woods a beau avoir survécu plus de soixante-dix ans, il est fragile. Mais il devrait tenir la route encore quelques décennies si le modèle est adapté génération après génération, s'il ne reste pas figé, et si l'on tire le meilleur parti de l'intuition bancaire des pères fondateurs. Contrairement à ce qu'on a eu trop tendance à considérer, la finance n'est pas un sous-produit de l'institution mais elle est essentielle à la réalisation de sa mission de mettre fin à la pauvreté.

189. Voir chapitre X.

CHAPITRE IX

Financer ensemble, pour réapprendre à coopérer

Parvenir à un état de développement durable requiert une gouvernance efficace. « Pour comprendre ce lien, avait saisi notre groupe de travail sur l'eau, il suffit de retenir que le mot "durable" est une mauvaise traduction de l'adjectif anglais *sustainable* (*sustainable development*) qui signifie durable, certes, mais aussi acceptable, négocié, viable, vivable ; bref, il se réfère implicitement à un compromis. La philosophie qui est attachée à la *sustainability* (la viabilité) suggère que seul le compromis est durable. Ce n'est pas la justesse d'une politique qui en fait la durée mais les concessions dans lesquelles chacun perd individuellement quelque chose mais où tous gagnent collectivement[190]. » Gagner collectivement : c'est tout l'enjeu de la coopération internationale, d'une coopération à tous les niveaux dans ce monde où nous sommes tous embarqués désormais, où plus aucun problème de fond ne se réglera seul. C'est aussi tout le sens d'une finance refondée. Apprendre (ou réapprendre) à travailler ensemble n'a sans doute jamais été aussi vital depuis soixante-dix ans.

---

190. *Eau*, *op. cit.*, p. 153-154.

L'exercice n'a pourtant rien d'évident. Il impose chez chacun – public, privé et société civile – une vraie révolution culturelle, qui permette de dépasser les raisonnements en silos. L'effort en vaut la peine. Et je suis convaincu que l'outil financier peut nous y aider.

Aucun objectif de développement durable ne sera atteint par un financement à 100 % public ou à 100 % privé

L'immense élan de 2015 autour des objectifs du développement durable (ODD), du financement du développement et du climat, a démontré que l'humanité avait pris conscience de la nécessité de collaborer sur ses dossiers les plus complexes, les plus essentiels. Venu de tous côtés de la société, nourri aussi bien par les États que par la société civile, les acteurs financiers, les multinationales, les PME, les consommateurs, les épargnants et les institutions multilatérales, il a démontré surtout que cette union des forces était *possible*.

Reste à faire vivre cet élan dans la phase de mise en œuvre, de concrétisation des ambitions pour les quinze années à venir. Rien n'est gagné de ce point de vue-là. Mais une chose est certaine : aucun ODD, qu'il concerne la pauvreté, l'éducation, la santé, les infrastructures ou le climat, ne sera atteint par un financement à 100 % public ou à 100 % privé. Aucun de ces problèmes ne sera résolu par la seule action du public, du privé ou de la société civile. Travailler en faveur d'une croissance inclusive, permettre à des pays comme la Mauritanie de se délivrer de la « malédiction » du fer et de diversifier son économie en valorisant par exemple ses ressources halieutiques, implique l'engagement de tous les acteurs comme autant de « triathlètes » engagés dans une même course – une course multiforme à tous les niveaux de la planète, du plus global au plus local.

Néanmoins, c'est un mouvement dont les gouvernements doivent être les premiers acteurs : « Les pays doivent être sur le siège du conducteur, à piloter le processus de développement et la construction d'environnements favorables et solides pour l'assurer », rappelle le rapport *From Billions to Trillions* que j'ai piloté. Le leadership national, mais aussi régional, continental et mondial, est clé pour placer les pays sur une trajectoire viable de développement.

Le renouveau que connaît actuellement la Côte d'Ivoire me semble à cet égard une des très belles histoires de l'Afrique contemporaine. Après le « miracle ivoirien » des années 1960-1970, sous la présidence de Félix Houphouët-Boigny (le « roi du cacao »), le pays a été brutalement plongé dans une longue et douloureuse guerre civile. Les acquis des précédentes décennies ont été profondément détériorés. Mais la reconnaissance de l'élection à la présidence d'Alassane Ouattara en 2011, confirmée par sa réélection dès le premier tour en 2015, a fait renaître l'espoir. Pour avoir observé de nombreux dirigeants à l'œuvre, je dois dire que le tandem formé par le président Ouattara et son Premier ministre Daniel Kablan Duncan est l'un des plus inspirants qu'il m'ait été donné de voir. Les partenaires ont su asseoir leur politique sur une vision à long terme (faire de la Côte d'Ivoire un pays émergent d'ici une décennie), ainsi qu'une compréhension fine des mécanismes internationaux aussi bien que des réalités locales. Ce leadership intègre, éclairé et confiant, exigeant et dévoué, ambitieux et humble tout à la fois, connecté aussi avec le reste du monde, a largement contribué à la reconstruction du pays. Que ce soit sur le plan politique avec la réconciliation nationale, même si le processus n'est pas achevé, sur le plan de la sécurité intérieure avec la réforme de l'armée, sur celui des droits de l'homme ou de la lutte contre la corruption, sur le plan économique, enfin, avec la réforme de la filière café-cacao ou encore la réhabilitation des infrastructures, les résultats sont visibles : la Côte d'Ivoire enregistre chaque année près de 9 % de croissance depuis cinq ans. À chacun de mes déplacements à Abidjan, je suis saisi par les transformations de la capitale ivoirienne.

Je peux citer aussi la Colombie, qui doit pour une grande part son émergence actuelle à la qualité de son équipe dirigeante (parmi laquelle Mauricio Cárdenas, un ministre des Finances extrêmement brillant, et Sandra Bessudo, une apôtre de l'environnement, avec lesquels j'ai pu développer des relations admiratives et amicales). C'est l'un des pays les plus sophistiqués que j'aie eu l'opportunité de découvrir, alors que j'y allais avec les préjugés du Français « moyen » associant la Colombie aux Farc qui avaient kidnappé Íngrid Betancourt et aux narcotrafiquants... Je garde de mes visites une très forte impression.

Pour autant, nous ne pouvons pas tout attendre des gouvernements. Nous ne pouvons pas faire reposer la construction des infrastructures physiques, sociales ou même financières d'un pays sur les seuls deniers publics, surtout quand cet État est déjà très endetté. L'avènement d'un développement durable de la planète exige de mobiliser également les capitaux privés, qu'il s'agisse de l'épargne locale, des investissements de toute nature, ou des transferts des migrants, et de créer avec ces capitaux un effet de levier pour mobiliser des fonds supplémentaires de manière saine et pérenne.

Mais nous ne pouvons pas non plus tout attendre du marché. Comme le rappelait déjà notre ouvrage sur l'eau, le marché « risque, guidé par des considérations exclusives de rentabilité, d'ignorer des besoins humains toujours essentiels. Il est d'immenses secteurs qu'il n'atteindra pas. C'est là [...] qu'il nous faut rechercher quel meilleur parti tirer des ressources budgétaires que les pays industrialisés se sont engagés à allouer à l'aide publique au développement et des puissants instruments de coopération que nous avons mis en place depuis plus de cinquante ans au plan mondial et plus récemment dans le cadre européen. Cela dit, ne cantonnons pas l'utilisation des fonds publics dans le rôle de bouche-trous là où le secteur privé n'ose mettre les pieds. Il y a mieux à faire en jouant, aussi habilement que possible, du formidable levier qu'ils peuvent constituer, de leur potentiel de catalyse : 100 de fonds privés et 50 de fonds publics peuvent faire beaucoup plus que 150 pour la collectivité[191]. » Mais il est important que cet effort public « non seulement n'amène pas les autres acteurs à s'abstenir ou à diminuer leur contribution mais, mieux encore, développe un puissant effet catalytique. D'où l'importance d'utiliser

191. *Eau*, *op. cit.*, p. 227-228.

ces aides pour faciliter leurs apports et non les remplacer, en évitant de financer la totalité des projets ou des programmes à l'aide de subventions, ce qui risque d'étouffer les initiatives locales[192]. »

En somme, les ODD et les objectifs de la COP21 exigent de capter le potentiel de toutes les sources et capacités de financement disponibles dans le monde, et, pour ce faire, d'amener à coopérer tous les types d'acteurs.

Pénible... mais profitable

Il va sans dire que l'opération est bien plus facile à instruire qu'à réaliser. Rien de plus compliqué que de faire travailler ensemble des acteurs que les intérêts et la culture opposent. Rien de plus difficile que de lever « l'interdit – non écrit – de l'utilisation conjointe de l'aide publique au développement et des financements privés. On a craint longtemps qu'une telle approche introduise une sorte de contamination par le profit de la pureté, censément immaculée, des opérations conduites par le secteur public[193] ». Aussi caricatural soit ce préjugé, il est tenace et ne doit pas être ignoré. Pas plus que les suspicions du privé à l'endroit du public, supposé lent et bureaucratique, peu fiable et corrompu, ou que celles de la société civile à l'endroit des deux autres sommets du « triangle », considérant *a priori* leur parole comme sujette à caution. La crise de confiance actuelle est venue exacerber ces méfiances réciproques et ancestrales.

192. *Ibid.*, p. 234.
193. *Ibid.*, p. 235-236.

Si nous voulons tenter de les dépasser, il faut prendre à bras-le-corps ces difficultés et reconnaître qu'un effort d'adaptation culturelle est nécessaire. Ne nions pas les conflits d'intérêts, ceux-ci sont réels : la mission et les objectifs du public ou de la société civile ne sont pas ceux du privé. Ils nécessitent de trouver des solutions très concrètes – le prix du carbone en est une – pour concilier les parties. Mais il importe aussi de convenir qu'aucune ne détient la vérité. De faire un effort pour se mettre à la place de l'autre, pour mieux cerner les attentes. Et ne pas croire que c'est uniquement dans les pays en développement – sous-entendu, dans beaucoup d'esprits, dans des pays voyous et corrompus – qu'adviennent les difficultés. Il suffit de demander autour de soi : pour vous, quel est le pays le plus fiable au monde ? En général la réponse est : la Norvège ou Singapour. Or c'est précisément en Norvège qu'ont été récemment constatées des entorses à un partenariat public-privé (PPP), sur un projet de transport de gaz (les tarifs, par exemple, ayant été changés en cours de route par le gouvernement). La France, de même, n'a pas été des plus exemplaires depuis la privatisation de ses autoroutes… *A contrario*, un pays comme le Sénégal a su conduire avec succès un PPP autour d'un projet d'autoroute entre Dakar et l'aéroport, en collaboration avec la Banque mondiale. Le monde n'est pas scindé entre des partenariats public-privé qui réussiraient au nord et des PPP voués à l'échec au sud : la réalité est autrement plus complexe. Dans ces dossiers très politiques et donc toujours sensibles, tout est affaire de compromis : la coopération public-privé ne peut qu'être exigeante et laborieuse. Pénible…

Mais ce n'est pas une raison pour y renoncer. Les nombreuses questions que cette coopération soulève ne doivent pas être une excuse pour ne rien faire, comme je l'ai trop souvent entendu, pas plus qu'elles ne doivent être considérées comme dénuées de pertinence. Une autre erreur serait de vouloir créer un nouveau consensus de Washington autour du partenariat public-privé et de l'imposer à tout-va, alors qu'il est souvent inadapté. Le « PPP » ne saurait devenir un énième leitmotiv et être vendu comme une solution miracle à tous les problèmes du monde. Pas de naïveté, donc. Mais il faut savoir reconnaître les bénéfices d'une collaboration dans les nombreux cas complexes où des partenariats peuvent faire avancer les choses. Pénible, mais profitable…

Ces dossiers demandent de trouver les bonnes règles, les bons outils, ainsi que les bons lieux de résolution des conflits. La capacité à collaborer doit être entretenue dans des forums de coopération. Surtout, les deux parties doivent être formées à cette approche multidimensionnelle que j'aime à appeler « P4C » (*painful but profitable public-private cooperation*), car c'est à mes yeux l'une des voies de développement les plus prometteuses pour l'avenir. J'ai trouvé très rassurant, à cet égard, de voir le nombre record d'inscriptions au premier MOOC[194] sur les PPP lancé en 2015 par le Groupe Banque mondiale (près de 30 000 personnes issues de plus de 100 pays)[195].

194. *Massive Online Open Course* ou cours en ligne gratuit.
195. https://www.coursera.org/course/effectiveppp

Une question de méthode

Incontestablement, un fossé s'est creusé ces dernières années, sous l'effet, notamment, de la crise financière et des révélations des lanceurs d'alerte, entre les « petits » et les « gros », les David et Goliath – le peuple et les élites, le public et le privé, les consommateurs et les multinationales...

Je suis pourtant convaincu que nous pouvons le combler si nous sortons de la dictature éclairée : celle où l'on croit aux hommes providentiels, où l'on méprise le commun des mortels, où l'on divise pour mieux régner. Si mes expériences de travail sur l'eau et sur les financements internationaux innovants pour la solidarité m'ont appris une chose, c'est bien que les personnes les plus différentes peuvent dialoguer, que les intérêts les plus divergents peuvent être conciliés, que les questions les plus complexes peuvent être résolues, à condition : 1/ que l'enjeu soit de taille, soit assez inspirant pour nourrir les intelligences et les bonnes volontés ; 2/ que chacun, de bonne foi, accepte de se mettre autour de la table ; 3/ que les différences et les attentes respectives soient énoncées, reconnues et que le collectif en fasse sens ; 4/ que l'on sache jouer avec l'horizon (et s'en jouer).

J'ai déjà eu l'occasion de décrire de quelle manière, à l'issue de quinze mois de discussions, notre groupe des « sages » était parvenu à proposer plus de quatre-vingts mesures pour financer l'accès à l'eau pour tous[196] : ces personnes qu'au départ tout opposait (la première

196. Voir chapitre III.

réunion s'était déroulée dans un climat glacial) ont fini par s'entendre sur l'essentiel. C'était tout le génie de Michel Camdessus que d'avoir su mettre en œuvre une vraie méthode de négociation, basée sur l'engagement, l'explication, l'honnêteté, la cohérence, le respect mutuel, la curiosité, l'inventivité, la bonne volonté et la bonne foi.

L'expérience du rapport Landau[197] s'est voulue une application de cette méthode qui avait fait ses preuves. Je me souviens comme d'hier de ce jour du 30 avril 2003. Le président Chirac, alors au sommet de sa popularité (du fait notamment de son opposition remarquée à la guerre en Irak), avait souhaité recevoir successivement, en amont du sommet du G8 d'Évian, les patrons, les syndicats et la société civile. Ce jour-là était le tour de la société civile; l'ensemble des grandes ONG françaises et internationales avaient fait le déplacement à l'Élysée: Amnesty, Greenpeace, Attac, Médecins sans frontières, etc. La réunion avait été organisée en fin de journée, dans le but plus ou moins avoué qu'elle ne s'éternise pas en cette veille de jour férié... L'ambiance était donc bon enfant, et en même temps pleine d'espérance et de fierté, deux mois et demi après le discours de Dominique de Villepin devant l'ONU. Chaque ONG, tour à tour, avait pris la parole pour attirer l'attention du président sur le sujet qui lui tenait à cœur et était susceptible d'être abordé par le G8: l'eau, la biodiversité, le handicap, les droits de l'homme, de la femme, des enfants, etc. Un des derniers à parler fut le représentant d'Attac[198]: « Monsieur le

197. Voir chapitre VII.
198. Qui signifie, pour rappel, Association pour une taxe Tobin d'aide aux citoyens.

Président, vous connaissez nos convictions très fortes, nous souhaiterions que vous mettiez en place une taxation sur les transactions financières internationales afin de financer le développement. » Jacques Chirac lui répond : « Vous savez ce que j'en pense... Et en même temps vous posez une vraie question : il faut trouver un moyen de financer la solidarité mondiale. Nous allons faire quelque chose et je vous y associerai. » La réunion se termine, en effectif réduit car de nombreuses personnes avaient déjà filé pour cause de départ en week-end (impératif qui l'emportait manifestement sur l'agenda de la présidence de la République !...). Maurice Gourdault-Montagne, conseiller diplomatique et sherpa au G8, demande alors au président : « Mais alors, on fait quoi ? [L'engagement auprès d'Attac n'avait pas du tout été prévu !] – Débrouillez-vous, Maurice, j'ai donné l'idée. » Et ce dernier de se tourner vers Jérôme Bonnafont, conseiller technique en charge, notamment, de la mondialisation, et moi-même : « À vous de jouer, les enfants... »

C'est ainsi que j'ai été amené à proposer d'utiliser la méthode de Michel Camdessus et de mettre autour de la table des experts de tous bords, aux compétences et aux intérêts les plus divers, en les missionnant de trouver une solution de bon sens à une équation primordiale. Le groupe de travail piloté par Jean-Pierre Landau comprenait des responsables d'Attac, de l'AFD, d'Oxfam aussi bien que du FMI, du patronat, de Bercy, de Suez ou d'Areva[199]. *A priori*, ces personnes n'étaient pas même d'accord sur l'idée d'une taxe – les Anglo-Saxons, tout particulièrement,

199. http://www.ladocumentationfrancaise.fr/var/storage/rapports-publics/044000440.pdf

avaient tendance à considérer que c'était bien une idée de Français ! Quant à trouver quoi taxer... il a fallu travailler plus de six mois. Mais la méthode a payé : les membres de la commission Landau ont soutenu à l'unanimité le rapport final et se sont tous déplacés à la conférence de presse, pour présenter ce qui pourrait rester comme l'une des plus belles innovations financières du XXIe siècle.

J'ai eu l'occasion de revivre l'expérience avec Michel Camdessus en 2005, lors de la rédaction du rapport *Le Sursaut. Vers une nouvelle croissance pour la France* commandé par Nicolas Sarkozy, alors ministre de l'Économie, des Finances et de l'Industrie[200]. La mission confiée à notre groupe de travail était de « contribuer à éclairer, pour les Français et leur représentation nationale, les choix économiques et budgétaires à venir, en faveur de la croissance ». Étaient réunis autour de la table, entre autres experts, Olivier Blanchard, professeur d'économie au Massachusetts Institute of Technology (MIT)[201], Henri de Castries, président du directoire d'AXA, Louis Gallois, président de la SNCF, Alexandre Saubot, directeur général d'Haulotte[202], Richard Descoings, directeur de Sciences Po Paris, aussi bien qu'Alain Deleu, président honoraire de la CFTC, Christian Larose, président de la section du travail au Conseil économique et social (et membre de la CGT), Martin Hirsch, président d'Emmaüs France, ou encore Laurence Tubiana, directrice de l'Institut du

200. http://www.ladocumentationfrancaise.fr/var/storage/rapports-publics/044000498.pdf
201. Retrouvé à Washington où il a officié comme économiste en chef du FMI, avant de rejoindre le Peterson Institute.
202. Aujourd'hui président de l'UIMM.

développement durable et des relations internationales[203]. Le consensus n'avait rien d'acquis. Mais le fait de passer du temps ensemble, de chercher à sortir le meilleur de nous-mêmes en joignant nos forces, de nous dire : « je comprends bien d'où tu viens ; comment gérerais-tu ce problème, toi ? », a donné de vrais résultats. Les négociations que je mène actuellement avec Gordon Brown sur l'éducation, ou encore avec Jean Todt sur la sécurité routière[204], participent du même esprit.

La réforme financière conduite entre 2013 et 2015 à la Banque mondiale m'a permis d'affiner encore la méthode, au sens où les résistances rencontrées m'ont amené à tirer un certain nombre d'enseignements. Avant toute chose, lorsqu'il s'agit d'impulser un changement, il est crucial d'avoir un plan – un plan crédible, qui s'inscrive dans un horizon : c'est à cette seule condition (la crédibilité) que les gens seront prêts à vous faire crédit. Cette vision d'ensemble ne doit jamais être perdue de vue : si une réforme est faite de compromis, avec autant d'avantages que d'inconvénients, la fragmenter peut compromettre le processus. Cela ne signifie pas que la négociation n'est pas possible, mais celle-ci doit garder à l'esprit l'équilibre global. Deuxième leçon : quand il y a urgence, mieux vaut abandonner des points inacceptables pour certaines parties et aller de l'avant, plutôt que les discuter *ad nauseam*. Troisièmement, il est indispensable de s'assurer que toutes les parties prenantes comprennent les tenants et les aboutissants de la réforme, et qu'inversement on

203. Retrouvée, quant à elle, à la COP21 où elle était négociatrice pour la France.
204. Voir chapitre VII et pages suivantes.

comprend leur point de vue. Il faut faire l'effort de clarifier les ambiguïtés et ne pas partir du principe que tout le monde vous comprend. En l'occurrence, j'avais probablement surestimé la compréhension générale du modèle financier de la Banque mondiale[205], ainsi que les connaissances financières des participants. Nous aurions dû passer plus de temps à expliquer le pourquoi et moins le comment... On en dit rarement trop peu ! Quatrième leçon : il faut laisser toute leur place aux rêves et à l'enthousiasme, et tel est le rôle de l'innovation. Mais il faut aussi, dès lors, être capable de montrer rapidement des résultats.

J'ai eu une conversation aussi instructive qu'étonnante, de ce point de vue, avec les cardinaux Pell et Turkson ainsi qu'avec Jean-Baptiste de Franssu, directeur de l'Institut pour les œuvres de religion (IOR) qu'on connaît mieux sous le nom de « Banque du Vatican ». Nous avions trouvé beaucoup de similarités entre nos deux finances et même au-delà, entre le Vatican et le Groupe Banque mondiale, qu'il s'agissait à la même époque de réformer : même complexité d'organisations globales, mêmes problèmes de communication et de partage des objectifs, etc. Je n'aurais sans doute jamais osé faire le parallèle avant cette discussion.

Le rôle moteur des banques multilatérales de développement

Même si elles-mêmes ont encore un effort d'adaptation culturelle à faire, je suis convaincu que les banques de développement ont un rôle majeur à jouer pour promouvoir

205. Cf. ma note rédigée pour le Peterson Institute, *op. cit.*

l'approche coopérative du « P4C » et contribuer à atténuer les suspicions que les secteurs public et privé nourrissent l'un envers l'autre. À mon sens, elles doivent opérer comme de véritables chefs d'orchestre du financement mondial du développement. Je ne le répéterai jamais assez, le développement du secteur privé et la coopération avec ses acteurs doivent devenir un point central de leur modèle opérationnel[206], et ce, dans une démarche d'engagement sincère, par-delà le financement et la mobilisation de capitaux.

Les banques multilatérales de développement (BMD) ne devraient financer qu'une partie du coût total d'un projet, mobilisant des investisseurs supplémentaires à travers la syndication et d'autres structures de financement commun : un tel engagement financier, ainsi que la structuration, les conseils et l'atténuation des risques qui l'accompagnent, doit aider à rassembler des financements additionnels et créer, dans le cas de domaines inexplorés ou d'environnements à risque, un important effet de démonstration qui peut attirer de nouveaux projets et investisseurs. Mais cette mécanique peut gagner encore en fluidité. Des conversations que je peux avoir avec les investisseurs privés, trois points d'attention se dégagent généralement : outre les outils classiques de partage des risques, ces acteurs attendent des BMD 1/ une sélection pour leur compte de projets bien préparés, bien conçus et jugés prioritaires ; 2/ une mise en œuvre qui respecte les normes les plus sévères, car aucun investisseur ne veut mettre sa réputation en danger ; 3/ une capacité à gérer

---

206. Voir chapitre VIII.

les conflits éventuels avec les autorités publiques en cours d'exécution des projets.

Le message a été entendu. Dans le rapport *From Billions to Trillions*, les BMD se sont engagées à redoubler d'efforts « pour construire une réserve de projets viables et attractifs pour les investisseurs du secteur privé » grâce à leurs mécanismes pour la préparation des projets (*Project Preparation Facilities*). Elles entendent aussi collaborer « pour trouver des moyens de mobiliser l'activité et l'investissement du secteur privé de manière plus systématique qu'au cas par cas : (i) en explorant des solutions efficaces pour faire face aux risques, en mettant en place des mécanismes individuels ou communs pour offrir des garanties, une assurance risques, un financement mixte et d'autres mesures d'atténuation des risques (par exemple, un financement structuré) ; (ii) en explorant les possibilités de structurer des mécanismes communs ou des plateformes de co-investissement au niveau national, régional ou multilatéral pour réduire les coûts individuels pour l'investisseur en termes de préparation et d'exécution des projets ; et (iii) en offrant un rehaussement de crédit, permettant de partager les risques avec des entités officielles[207]. »

Tout cela gagnerait à être complété par un effort de simplification et de standardisation. Le système a encore trop tendance à réinventer la roue à chaque projet et chacun veut promouvoir « son » outil à un coût financier et administratif excessif pour le système dans son ensemble.

---

207. *From Billions to Trillions: Transforming Development Finance*, *op. cit.*

On a tendance à cantonner l'investisseur privé à un rôle de financeur supplétif, alors qu'il participe au projet sur le même plan que les autres parties. Il doit donc être présent dès le départ et les banques de développement doivent comprendre ce dont il a besoin pour lui faciliter la tâche car parfois, le « trou » à boucher est tout autant culturel que budgétaire...

C'est cette philosophie qui sous-tend la création du Mécanisme mondial de financement des infrastructures (*Global Infrastructure Facility*, ou GIF). La plateforme « coordonne et intègre les initiatives des banques multilatérales de développement, des investisseurs et des bailleurs de fonds du secteur privé et des États intéressés par des investissements d'infrastructures dans les marchés émergents et les économies en développement – favorisant la collaboration et l'action collective sur des projets complexes qu'aucune institution ne pourrait financer seule. Les partenaires du secteur privé qui ont rejoint la plateforme détiennent à eux seuls 12 000 milliards de dollars d'actifs sous gestion, avec un souci de diversification à travers des investissements productifs offrant des rendements qui reflètent les risques. En constituant une réserve globale de projets d'investissement pour des infrastructures durables, structurés pour répondre aux besoins des utilisateurs et aux appétits des investisseurs, le GIF a le potentiel de débloquer des milliards de dollars pour promouvoir les infrastructures dans les pays en développement[208]. »

208. *Ibid.*

Dans ces pays, le défi des infrastructures ne se résume pas en effet à la disponibilité des financements ; il est aussi de remédier au manque de projets viables dans lesquels investir. « Le GIF est devenu opérationnel en avril 2015, avec une capitalisation initiale de 100 millions de dollars. Ses trois premières années de fonctionnement constituent la phase pilote, au cours de laquelle l'idée de la plateforme, ses activités et son modèle de partenariat seront mis à l'essai. Durant cette phase, au moins 10 à 12 activités de soutien à des projets seront entreprises, ce qui permettra d'éprouver le modèle dans divers secteurs, zones géographiques et environnements nationaux et à travers divers types de projets. Dans le même temps, l'idée d'un futur guichet de financement souple sera affinée et éprouvée en vue de mobiliser des ressources supplémentaires, au besoin[209]. » Tous les ingrédients sont là : une coopération claire entre les gouvernements, les BMD et les investisseurs privés ; une focalisation sur de vrais projets dans l'objectif de les concrétiser ; une phase pilote permettant par la suite des efforts d'ajustements croisés ; une répartition des différents rôles selon la capacité et l'habitat de prédilection de chacun.

Cet élan collectif pour relever le défi des infrastructures a d'autant plus de valeur que, dans un contexte où les politiques monétaires, budgétaires et structurelles semblent devenues incapables de stimuler la croissance, l'investissement dans l'infrastructure est désormais un pilier pour les politiques économiques, un véritable *game changer* à même de créer de la croissance à court terme

209. *Ibid.*

pour la création d'emplois assurée et à moyen et long termes pour le rehaussement du potentiel de croissance. Si le GIF, en l'occurrence, peut sembler bien modeste au regard des milliers de milliards de dollars nécessaires pour les infrastructures mondiales, ce potentiel peut être amplifié et associé à d'autres initiatives connexes – telles que le Hub mondial de l'infrastructure (*Global Infrastructure Hub*) créé par le G20 en 2014[210], le Mécanisme de financement de la préparation des projets d'infrastructure du NEPAD[211], ou encore la Plateforme d'investissement pour le développement durable (*Sustainable Development Investment Platform*, SDIP)[212] que je préside depuis 2016. L'idée est de mettre en évidence les possibilités d'investissement, d'alignement et de coordination entre acteurs afin de libérer les flux de projets d'infrastructures, de créer un nouvel écosystème dans lequel les BMD garderaient leur rôle central de financement, tout en déployant en parallèle un effort massif de mobilisation[213].

---

210. Mis en place dans le cadre du soutien des pays du G20 à la *Global Infrastructure Initiative* (un programme pluriannuel d'amélioration de la qualité de l'investissement public et privé dans les infrastructures), le *Global Infrastructure Hub*, basé à Sydney et doté d'un mandat de 4 ans, est conçu comme le centre névralgique du programme. L'objectif est de favoriser la coopération et l'échange d'informations entre tous les acteurs – gouvernements, secteur privé, banques de développement et organisations internationales – afin d'améliorer le fonctionnement et le financement du marché des infrastructures.
211. *New Partnership for Africa's Development* : Nouveau partenariat pour le développement de l'Afrique.
212. Plateforme que je préside, incluant le Forum économique mondial et l'OCDE, et parrainée par l'ASDI (Coopération suédoise) et l'USAID (Agence des États-Unis pour le développement international), ainsi que Citi et SMBC (Sumitomo Mitsui Banking Corporation) : elle réunit des agences bilatérales et multilatérales, des banques, des investisseurs, des sponsors, des ONG, etc.
213. Voir aussi chapitre X sur le rôle du Forum mondial pour l'infrastructure, créé en avril 2016.

Cet enjeu de création d'écosystèmes d'investissement va bien au-delà de la problématique des infrastructures. Les banques de développement pourraient, de façon plus structurée, aider les multinationales qui développent d'intéressants projets pilotes de création de valeur partagée (*Shared Value*)[214], telle l'initiative phare de Coca-Cola au Brésil, « Coletivo »[215], à les dupliquer ailleurs pour créer un effet de masse et obtenir des résultats visibles sur le développement. C'est déjà l'esprit qui anime le projet des « danone.communities », un réseau de *social businesses* centrés sur la réduction de la pauvreté et de la malnutrition[216]. Concrètement, les BMD pourraient mettre en

---

214. Voir chapitre VII.
215. L'initiative « Coletivo », lancée par Coca-Cola Brésil, est l'exemple par excellence de la démarche de *Shared Value*. À travers ce projet, conçu en collaboration avec les ONG locales, l'entreprise a formé à la vente pendant deux mois quelques milliers de jeunes en difficulté, leur offrant un tremplin pour décrocher un premier emploi. Dans le même temps, ces jeunes ont contribué à vendre davantage de sodas dans les commerces où ils effectuaient leur stage et ont été invités à réfléchir sur des améliorations à apporter à la gestion des stocks, aux promotions, au marketing... Les investissements ont ainsi été rentabilisés au bout de deux ans. En mesurant avec rigueur ces résultats, la filiale a réussi à convaincre sa maison mère d'étendre le projet pilote à plus de 150 communautés aux revenus modestes à travers tout le Brésil. Au total, plus de 50 000 jeunes ont reçu une formation grâce à Coletivo et 30 % d'entre eux ont décroché par la suite un premier job chez Coca-Cola ou ses partenaires.
216. À l'origine de danone.communities, il y a la rencontre de Franck Riboud, PDG de Danone, et de Muhammad Yunus, président de la banque de microcrédit Grameen et Prix Nobel de la Paix 2006. Forts de leurs convictions communes et de leurs savoir-faire complémentaires, ils décident de fonder ensemble une entreprise novatrice, « Grameen Danone Food » : le but est de créer une usine de yaourts au Bangladesh qui dégage la rentabilité nécessaire à sa pérennité, tout en contribuant au développement local. Pour aller plus loin encore, Danone décide de se doter d'un outil financier innovant, ouvert à tous et conçu pour favoriser le développement d'initiatives de *social business* : danone.communities. Lancée fin 2007, cette SICAV, gérée et commercialisée par le groupe Crédit agricole, a une feuille de route très concrète : développer Grameen Danone Foods en construisant d'autres usines au Bangladesh ; aider au développement, dans différentes parties du monde (c'est le cas aujourd'hui au Sénégal et au Cambodge, par exemple), d'autres projets d'entreprises sociales en cohérence avec la mission de Danone ;

relation ces entreprises innovantes avec des actionnaires socialement responsables, ou encore des organisations philanthropiques et des ONG de terrain. Ce principe de « *Scale for Good* » (changer d'échelle au service du bien) me paraît extrêmement prometteur pour déployer à grande échelle les investissements à impact[217] et en faire un nouveau système financier mondialisé, qui fasse vraiment la différence. C'est bien sur le « P4C » que repose cette mécanique vertueuse, et c'est à cet objectif que je souhaite dorénavant me consacrer personnellement et professionnellement : mobiliser l'épargne privée mondiale sur des objectifs positifs, en respectant les attentes de retour des investisseurs. Le dirigeant d'une grande compagnie d'assurances me disait ainsi récemment qu'acheter de la dette allemande à taux d'intérêt négatif n'avait d'intérêt ni pour l'Allemagne, ni pour ses clients, ni sans doute pour le monde, et que s'il pouvait investir dans de bonnes conditions dans le logement, la santé ou l'agriculture en Inde ou au Pérou, « cela serait évidemment utile à tous les niveaux ! »

On ne peut qu'encourager aussi, de ce point de vue, des réseaux comme le Sustainable Banking Network (SBN), lancé en 2012[218] et piloté par IFC : cette communauté

---

développer des partenariats avec des acteurs locaux ou des ONG à partir de ce *business model* original ; rassembler dans la communauté « danone.communities » tous ceux qui contribuent à ce projet, parmi lesquels des investisseurs désireux de donner un sens solidaire à leur épargne.

217. Voir chapitre VII.

218. Le réseau est né à la suite du premier forum international sur le crédit vert (International Green Credit Forum), organisé conjointement par IFC et la China Banking Regulatory Commission à Pékin en mai 2012. Cf. http://www.ifc.org/wps/wcm/connect/Topics_Ext_Content/IFC_External_Corporate_Site/IFC+Sustainability/Partnerships/Sustainable+Banking+Network/

unique au monde rassemble les agences de régulation du secteur financier et les associations bancaires des marchés émergents pour faire avancer la finance durable, en facilitant l'apprentissage collectif des bonnes pratiques internationales et en créant des pilotes dans les pays des membres.

L'autre grand défi mondial où la coopération est cruciale et où les banques de développement ont un rôle clé à jouer, est celui du financement de l'atténuation du changement climatique. Là aussi, les banques multilatérales de développement (BMD) sont très attendues pour aider à transformer les ressources des gouvernements et de l'aide publique au développement en des investissements privés beaucoup plus importants – et de long terme – qui puissent soutenir une économie faible en carbone et résiliente[219]. Et, là aussi, elles doivent travailler ensemble et de façon complémentaire pour œuvrer avec plus d'efficacité : en tant qu'agences d'exécution du Fonds pour l'environnement mondial (GEF), des Fonds d'investissement climatiques ou du Fonds vert pour le climat (GCF), par exemple ; en tant que partenaires dans des initiatives mondiales comme Énergie durable pour tous (SE4ALL), pilotée par ma talentueuse ex-collègue Rachel Kyte ; mais aussi à travers une démarche harmonisée, transparente et rigoureuse de suivi des mesures en faveur du climat et de leur financement. La Banque mondiale est par ailleurs très engagée, avec d'autres, pour aider la communauté internationale à fixer

219. Cf. *From Billions to Trillions: Transforming Development Finance*, *op. cit.* : « En 2013, les BMD ont engagé plus de 28 milliards de dollars en faveur de l'action climatique dans les économies en développement et émergentes, ce qui porte le total des engagements au cours des quatre dernières années à plus de 100 milliards de dollars. »

une tarification du carbone, sans pour autant prendre parti pour une mesure incitative en particulier (marchés du carbone, taxes ou normes) : dans chaque pays, chaque État ou chaque ville, la meilleure option dépend des circonstances locales. Le Groupe n'en a pas moins lancé, lors des négociations de Paris, une Coalition pour le leadership en matière de tarification du carbone (*Carbon Pricing Leadership Coalition* ou CPLC), afin de rassembler les secteurs public et privé du monde autour de ce sujet[220]. Autre initiative exemplaire : le Partenariat pour la préparation au marché (PMR), un fonds fiduciaire de dons multi-donateurs à l'échelle mondiale qui soutient l'innovation collective et le pilotage des divers instruments de tarification du carbone : de nombreux pays, de la Chine au Maroc, bénéficient par ce biais d'un accompagnement personnalisé.

Peu importe la complexité de cette jungle d'acronymes. Elle pourrait prêter à sourire si elle n'était révélatrice du fait que quelque chose de nouveau se met en place. L'idée n'est naturellement pas d'établir, au fil de ces pages, un inventaire à la Prévert de tout ce qui se fait ni de mettre en avant de manière arbitraire telle ou telle initiative, mais de souligner la réalité des énergies déployées. Il ne s'agit ni de fantasmes, ni de vœux pieux, mais bien d'un monde qui se met en mouvement.

220. Voir aussi chapitre X.

« P4C », clé d'une économie qui retrouve du sens

Par-delà les défis des infrastructures et du climat, et par-delà les seuls pays en développement, nombreuses et diverses sont les problématiques qui gagneraient à être envisagées selon une approche partenariale. Si la « P4C » ne saurait être saupoudrée partout sur la planète comme le nouvel ingrédient miracle, un certain nombre de sujets complexes mériteraient de faire l'effort d'une *painful but profitable public-private cooperation*.

Je pense en particulier à la sécurité routière, qui relève à la fois de la législation (on a besoin de lois pour interdire de conduire trop vite, en état d'ivresse ou en téléphonant), du contrôle (on a besoin de gendarmes et de radars), de l'éducation (on a besoin de former les citoyens au code de la route, aux bonnes pratiques au volant, et de les sensibiliser aux comportements dangereux) et de la construction d'infrastructures (on a besoin de routes sûres et bien aménagées). Dans ce dossier multidimensionnel, les pouvoirs publics ne peuvent pas tout : ils ont besoin de l'implication de tous, à commencer par celle du secteur privé. Quand on sait que Coca-Cola détient une flotte de plus de 100 000 véhicules sur la planète, on se dit qu'une multinationale de cette taille a un rôle à jouer dans la prévention routière. Il ne s'agit pas seulement de trouver des financements innovants[221] : encore une fois, il n'y aura pas de réussite sans une coalition efficace pour aborder la question à l'échelle planétaire.

221. Voir chapitre VII.

Les domaines de la santé et de l'aide humanitaire pourraient également tirer pleinement profit d'une coopération financière innovante. Je pense notamment au Mécanisme de financement mondial (*Global Financing Facility*, GFF) créé en soutien à une initiative qui m'est chère, baptisée « Chaque femme, chaque enfant » (EWEC) : ce partenariat noué avec le Canada, la Norvège, la Fondation Gates et d'autres partenaires, sous l'égide du secrétaire général de l'ONU, recourt à un financement pionnier associant des sources de financement externes et domestiques dans une optique de durabilité, afin de mettre fin aux décès évitables des mères, des nouveau-nés, des enfants et des adolescents, et d'améliorer la santé, la nutrition et la qualité de vie de ces populations d'ici à 2030. Si les plans d'investissement sur cinq ans restent pilotés par les gouvernements des pays, la mise en place d'une « facilité financière internationale » permet d'assurer le financement anticipé des versements prévus pour une période postérieure. Quelque 2,6 milliards de dollars doivent être ainsi mobilisés pour permettre au fonds GFF de fournir un don initial aux 63 pays éligibles, parmi lesquels l'Éthiopie, le Kenya, la République démocratique du Congo et la Tanzanie. Ces fonds permettront de lever des fonds publics et privés pour le programme de santé RMNCAH[222]. La nouveauté réside dans le partenariat et la souplesse des outils envisagés.

On peut suivre le même raisonnement, comme nous le faisons avec Gordon Brown, pour le financement de l'éducation. Dans les deux cas, l'objectif est de mettre en face d'un plan et de priorités nationales l'ensemble de la palette

222. *Reproductive, Maternal, Newborn, Child and Adolescent Health.*

d'outils de financement philanthropiques, publics et privés, de reconnaître leur complémentarité, d'éviter duplication et concurrence, et de connecter efforts et résultats, quitte à ajuster le tir en cas d'échec. En l'occurrence, l'éducation n'est pas seulement du ressort d'une Éducation nationale à la française, mais nécessite de mobiliser tous les types de structures, publiques comme privées, et tous les types d'enseignement, physiques comme virtuels. Ce serait une erreur, par exemple, d'ignorer l'essor actuel des MOOCs ou la Khan Academy, qui constituent une chance réelle pour l'accès de tous au savoir. Comme la santé, l'éducation est un sujet complexe qui présente un fort rendement social (une population éduquée et en bonne santé travaille mieux et plus longtemps), mais dont les bénéfices économiques ne sont pas immédiatement mesurables. D'où l'idée d'amener les gouvernements, dans une sélection de pays volontaires, à s'engager sur des objectifs ambitieux (tel un accès pour tous à des écoles primaires de qualité) et, en contrepartie, de solliciter l'aide de pays donateurs, ainsi que les capitaux privés et la capacité de financement et de mobilisation des organisations internationales comme la Banque mondiale, pour traduire en actions ces plans d'État. C'est tout le principe du *Outcome-based funding* : des financements associés aux résultats. En mettant divers protagonistes autour de la table, je suis convaincu qu'on peut décider, dans un certain nombre de pays, d'un financement partagé pour une éducation de qualité.

Des réflexions similaires sont en cours pour un financement partenarial de l'accueil des réfugiés au Moyen-Orient. Si, là encore, toutes les sources de financement sont nécessaires face au volume des besoins, des pays comme la Jordanie et le Liban n'ont pas accès aux prêts les moins coûteux car ils ne sont pas classés parmi les pays en développement. J'ai contribué à ce qu'on puisse envisager d'utiliser le bilan de la Banque mondiale et celui d'autres institutions multilatérales pour demander à des pays comme les membres du G7 ou ceux du Golfe de « subventionner » ces prêts en baissant les taux d'intérêt, ou bien encore de se porter garants sur des investissements directs. Dans tous les cas, il s'agit d'amener les secteurs privé et public nationaux et multilatéraux à travailler main dans la main pour relever des défis financiers qui achoppent trop souvent sur le manque de coopération.

Un autre cas d'école où l'approche « P4C » peut jouer un rôle décisif est celui de la lutte contre les pandémies. Si l'on avait raisonné selon cette logique au moment du déclenchement d'Ebola, on aurait pu sauver des vies et limiter les dégâts terribles subis en Guinée, au Liberia et en Sierra Leone. De fait, la crise a été très mal gérée : on a perdu du temps et les fonds ont été mobilisés trop tard. Si la mise en place de mécanismes assurantiels est une réponse essentielle pour permettre de libérer des fonds rapidement en cas d'épidémie de ce type[223], un tel instrument financier ne suffit pas. Sur le terrain, une approche collaborative est nécessaire. Dans le cas d'Ebola, on manquait par exemple de produits d'hygiène : Unilever aurait très bien pu distribuer des savons. On manquait de téléphones satellites : Vodafone aurait pu en fournir. On manquait d'avions : UPS et Fedex auraient pu en mettre à disposition. On n'a pas pensé, ou trop tard, ou trop peu, à solliciter ces acteurs

223. Voir chapitre VII.

très implantés sur le terrain, qui avaient les produits nécessaires et les réseaux de distribution. Le secteur public n'a pas naturellement pensé à faire appel au secteur privé quand il était encore temps. Quel gâchis ! Et si, au lieu de réinventer la roue à chaque crise, on prenait enfin le réflexe de raisonner collectif, systémique, transversal ? Jusqu'à présent, on a développé une vision très verticale de la santé, spécialisée maladie par maladie. La crise Ebola a montré les limites de cette conception : faute d'un infirmier dans chaque village, une veille sanitaire n'a pu se mettre en place et l'épidémie a été détectée trop tard. On reconnaît désormais qu'on ne peut parler santé sans parler éducation, transport, communication, etc. Ce sont des idées que j'ai voulu promouvoir comme président du *Global Agenda Council on Sustainable Development*, dans le cadre du Forum économique mondial, organisateur de Davos : nous avons créé un site de partage d'expériences et de leçons des efforts de coopération. La meilleure défense contre les pandémies repose sur un système sanitaire transversal, intégré et collaboratif, qui reste à développer.

Promouvoir la coopération décentralisée

Si le cas d'Ebola est intéressant, c'est parce qu'il démontre combien le terrain est souvent déjà quadrillé de réseaux, d'initiatives, d'acteurs qui travaillent un peu trop souvent dans leur coin, alors que leur coopération, sur de nombreux sujets, pourrait être si fructueuse.

L'eau en est un. Une des révélations du travail de notre « groupe des sages » a été de découvrir, ou plutôt redécouvrir, que l'eau, problème mondial, est avant tout un sujet local. « L'eau est une ressource territorialisée. En matière d'eau nous sommes d'un bassin avant d'être d'un pays. Surtout, l'eau se gère localement. Les services liés à l'eau sont des services locaux. Partout la responsabilité ultime de l'eau est municipale ou relève de la communauté villageoise. C'est donc au plus près de cette réalité qu'il faut agir, là qu'il faut faire porter la réflexion. Et là que l'on comprend qu'il ne s'agit pas tant d'argent que de gouvernance[224] », que si l'on inverse la perspective et qu'on améliore la gouvernance, on pourra trouver des financements à la hauteur des enjeux. Cela suppose de « mettre le local au cœur du système, c'est-à-dire organiser la gouvernance à partir du terrain, au plus près des besoins dans les villes et des femmes dans les villages ; depuis les bassins versants jusqu'aux Nations unies et non l'inverse. [...] sur le plan financier, cela signifie non pas un fonds central répandant en pluie fine ses bienfaits sur la Terre, avec des risques majeurs d'évaporation en cours de trajet, mais des financements apportés aux collectivités locales et aux projets eux-mêmes, un recours à une épargne locale dynamisée, des protections particulières apportées aux fonds investis pour tenir compte des risques spécifiques à l'eau[225]. »

À la coopération centralisée étatique, massive et peu efficace, il faut donc adjoindre, « sans rien retrancher à cette dernière, une coopération décentralisée qui associe, à plus petite échelle, de nombreuses communautés : collectivités locales, associations, mouvements, campagnes

224. *Eau*, *op. cit.*, p. 143-144.
225. *Ibid.*, p. 147-148.

d'opinion[226]. » J'ajouterais les organisations religieuses, qu'elles soient de confession chrétienne, bouddhique, juive ou musulmane, qu'elles gèrent des centres de prière, des écoles, des hôpitaux ou des structures artisanales : celles-ci jouent un rôle essentiel de cohésion, de médiation, de coordination sur le terrain. On perd beaucoup à les ignorer, pire, à entraver leur action. Si cette coopération décentralisée multiforme est financièrement moins importante, à son niveau propre, elle est probablement plus efficace : « elle a le très grand avantage de créer des liens personnels vivants et mutuellement enrichissants entre les sociétés civiles de part et d'autre[227]. » Dans les zones pauvres, où les habitants se sentent souvent abandonnés par le pouvoir, cette mobilisation des forces vives locales, élément distinctif des ONG de terrain, constitue une richesse indispensable au succès des opérations : « L'arrivée d'une entreprise, quelle qu'elle soit, avec pour objectif de réaliser des travaux dont la nature, la localisation, l'ampleur n'ont pas été discutés avec la population, provoque une crainte justifiée et une opposition de principe. Une ONG locale, dynamique, peut sauver la situation [...]. Le rôle d'intermédiaire de ces ONG entre la population et le rouleau compresseur des administrations et des entreprises modernes est irremplaçable[228]. »

Fort de cette expérience autour du très complexe dossier de l'eau, je suis convaincu qu'une institution comme la Banque mondiale, avec sa présence unique aux quatre coins

226. *Ibid.*, p. 247-248.
227. *Ibid.*, p. 248.
228. *Ibid.*, p. 187-188.

de la planète, a un rôle éminent à jouer dans la coopération centralisée comme décentralisée et déconcentrée. Avec des bureaux dans plus de cent pays, elle n'a rien à envier aux plus grandes multinationales. Elle a des contacts partout. Ce réseau est un atout essentiel dont le Groupe pourrait tirer encore mieux parti, en renforçant les liens entre le siège de Washington et les équipes de terrain, en organisant aussi une communication plus fluide et des échanges harmonieux entre les différents bureaux, afin que chacun ait accès à toutes les informations utiles dans chaque pays.

Cette capacité à agir dans les endroits les plus reculés du monde peut créer des petits miracles de développement. J'en veux pour preuve l'action menée ces dernières années aux îles Salomon, perdues aux confins du Pacifique, à l'est de la Papouasie-Nouvelle-Guinée[229]. Visiter ce site prodigieux, couvert de forêt tropicale et transpercé par des sommets s'élevant à 2 000 mètres, a été à coup sûr un voyage mémorable – même si j'ai alors compris pourquoi, avec une chaleur pareille et une jungle aussi impénétrable, ce n'était pas l'endroit où l'on avait spontanément envie d'investir ! Et pourtant, les abords de l'archipel sont une des régions du monde les plus riches en poisson, en thon, notamment. Pendant des années, ce trésor halieutique a été pillé par des prédateurs de toutes sortes qui profitaient de l'absence de marine, et donc de contrôle, de la part des petits États riverains[230].

---

229. L'île principale, Guadalcanal, fut le théâtre en 1942-1943 de la fameuse bataille entre Japonais et Américains, immortalisée par Terrence Malick en 1998 dans *La Ligne rouge*.

230. Pour avoir effectué moi-même mon service militaire en Polynésie, je me souviens de missions destinées à empêcher des chalutiers taiwanais, coréens ou

Tout a changé lorsque 18 États du Pacifique ont mis en place, grâce à la coopération des marines australienne, japonaise, française ou encore américaine, un système de surveillance des eaux par satellite, permettant d'organiser des droits de pêche. Ce dispositif a permis non seulement de stabiliser la ressource – et, partant, de contenir la menace sur la biodiversité –, mais aussi d'obtenir des pêcheurs des *royalties* d'un montant significatif (quelques dizaines ou centaines de millions de dollars n'ont rien de négligeable pour des petits pays). Parce que les parties prenantes sont parvenues à s'entendre, elles tirent aujourd'hui un bénéfice tant environnemental qu'économique : le consensus est « gagnant-gagnant ». D'autant qu'il a permis un projet plus profitable encore : avec l'aide de la Banque mondiale, entre autres[231], les îles Salomon ont développé une usine de transformation du thon et créé une marque, SolTuna, qui exporte des conserves préparées avec d'excellentes épices locales. Quelque 1 500 personnes y travaillaient en 2013, dont 75 % de femmes, sachant que 500 nouveaux emplois devaient être créés dans une période de cinq ans. Je trouve cette dynamique extraordinaire : grâce à la coopération internationale, on est parvenu à créer au milieu de nulle part[232] de la haute valeur ajoutée locale, en mesure de

japonais de venir s'accaparer le poisson dans les eaux territoriales françaises.

231. La conserverie de thon a bénéficié en 2013 d'un prêt de dix millions de dollars consenti par IFC, afin de financer notamment l'acquisition de nouveaux équipements (chambres froides, logements améliorés pour les employés, etc.). Cf. http://www.ifc.org/wps/wcm/connect/region__ext_content/regions/east+asia+and+the+pacific/news/ifc+provides+$10+million+loan+to+soltuna+in+solomon+islands

232. Pour atteindre Honiara depuis l'Australie, il faut déjà plusieurs heures d'avion, auxquelles il faut ajouter deux nouvelles heures d'avion puis une heure de voiture pour rejoindre l'usine.

rayonner mondialement – et même habilitée à fabriquer du sushi !

Je vois dans cette histoire le meilleur de la finance, du capitalisme, de la mondialisation. Le meilleur aussi du potentiel de la coopération. La confirmation que cela est possible. Puissent toutes les bonnes volontés de la planète s'en inspirer !

CHAPITRE X

Mettre la finance au service d'un leadership mondial partagé

Hard truth. C'est ainsi que les Anglo-Saxons appellent cette vérité difficile à avaler, mais sur laquelle on ne peut plus fermer les yeux. En l'occurrence, plus un seul dirigeant de la planète n'a aujourd'hui le pouvoir d'agir seul sur la plupart des grands dossiers. Qu'il s'agisse du climat, des migrations de population, de la santé, du numérique ou des flux de capitaux, nombre des problèmes du monde requièrent désormais une action coopérative et globale. Nos leaders n'ont plus le choix. *Hard truth*, parce qu'ils doivent affronter la frustration et l'incompréhension de leurs peuples qui se sentent menacés, oubliés, écrasés par des superstructures dont ils ne parlent pas la langue. Dépassés par une mécanique qui à leur goût manque de chair et leur semble fonctionner en mode automatique.

Comment réenchanter la coopération internationale ? Comment refaire ou faire mieux dialoguer ensemble les différentes économies avancées, émergentes et en développement, les institutions pluri- et multilatérales, les pays au sein même de fédérations affaiblies ? Comment refaire unité pour contrer les forces centrifuges qui nous poussent à rejeter l'autre, à nous replier sur nous-mêmes ?

Comment passer de « la stratégie O-H-I-O » à « la stratégie C-A-lifornie » de David Lipton[233], du traditionnel *Own House In Order* à la *Collective Action* ?

C'est là que la finance, à mes yeux, a un rôle historique à jouer. Au lieu d'être un simple point à l'ordre du jour dans la gouvernance mondiale, elle peut être un outil de mobilisation concrète. Un outil assez puissant pour que la communauté internationale s'en empare et décide de définir des standards, d'adapter son cadre réglementaire et législatif, de tester et essaimer de nouveaux modes de coopération, pour faire en sorte que cet outil la serve réellement. Nous avons les moyens de nos ambitions. L'argent est là, entre les mains des investisseurs privés. Les institutions sont là elles aussi : elles n'attendent que d'être mieux utilisées ! Une finance refondée peut être une des meilleures manières de redonner un sens à leur action.

Reconnaître le miracle des institutions internationales existantes (et leur utilité, malgré les frustrations)

« Tirant les leçons de la crise de l'entre-deux-guerres, rappelait l'ONU au début du millénaire, les architectes de 1945 ont appris à quel point le refus intransigeant de toute interdépendance économique pouvait être destructeur. Dans les années 1930, le nationalisme économique le plus débridé et la politique du "chacun pour soi" avaient cours presque partout, dégénérant en revanchisme politique, totalitarisme et militarisme dans certains pays,

233. Voir chapitre V.

en isolationnisme dans d'autres. Aux prises avec de telles forces, la Société des Nations était bien mal partie et n'avait aucune chance de remplir sa mission. C'est pourquoi les bâtisseurs de l'après-guerre ont choisi avec sagesse la voie de l'ouverture et de la coopération. Ils ont créé l'Organisation des Nations unies, les institutions de Bretton Woods, le GATT (devenu ensuite l'Organisation mondiale du commerce) et toute une série d'organisations qui avaient pour mandat de veiller au bon fonctionnement du système. [...] Nous recueillons encore aujourd'hui les fruits de leur travail[234]. »

Reconnaissons qu'un petit miracle a eu lieu en 1944-1945, avec la création de ces diverses institutions internationales. Il était pour le moins visionnaire de tabler sur la coopération économique et financière pour régler la marche du monde. Nous avons eu beaucoup de chance, car il serait bien plus difficile aujourd'hui, voire impossible dans un monde aussi connecté, aussi compliqué, de faire naître des outils d'une telle ambition. Nous, contemporains, sommes tous dépositaires de cet héritage. Nous ne pouvons pas faire comme s'il n'existait pas.

Certes, les organisations internationales ont créé une machinerie gigantesque, monstrueusement bureaucratique, qui à bien des égards fonctionne mal – ou fonctionne parfois si bien qu'elle n'a plus besoin de la main humaine pour tourner. Certes, ce système qui a ses rituels, ses codes, ses ordres du jour, ses agendas, est générateur d'inerties et de frustrations. Tout cela est inévitable.

---

234. http://www.un.org/fr/documents/view_doc.asp?symbol=A/54/2000

Une institution comme la Banque mondiale compte 188 États actionnaires ; j'ai pris toute la mesure de ce qu'une telle gouvernance implique lorsque je présidais son conseil d'administration. Il faut se représenter vingt-cinq personnes passant régulièrement trois heures à discuter : même si globalement toutes disent plus ou moins la même chose, à des nuances parfois importantes près – certaines estiment qu'il n'y a pas assez d'égalité hommes-femmes, d'autres qu'il y a trop d'écoute de la société civile, d'autres pas assez d'implication du secteur privé, etc. –, si chacune parle cinq minutes, il faut déjà plus de deux heures pour effectuer un tour de table ! Sans compter les problèmes d'interprétation[235]... Durant ces réunions, mon cerveau se retrouvait scindé en deux ; une partie se disait qu'un tel rituel était insupportable, quand l'autre tempérait : peut-être, mais quelle est l'alternative ? N'est-ce pas le prix à payer pour que les plus puissants et les plus humbles de la planète soient assis autour d'une même table, pour voir parler successivement le représentant des États-Unis et celui des Seychelles – quel beau symbole ! –, pour éviter que « l'Occident » ne décide seul au nom de la planète ? Tout n'est peut-être pas parfait, mais ce système parvient, bon an, mal an, à mobiliser quelque soixante milliards de dollars au service des plus vulnérables et à définir un certain nombre de règles qui s'imposent à tous, sur le travail des enfants, le respect des populations autochtones ou encore la préservation de la biodiversité.

« L'ONU n'a pas créé le paradis, mais elle a évité l'enfer », a dit un jour le Suédois Dag Hammarskjöld, son deuxième

235. Plus que d'interprétariat, puisque la langue de travail est l'anglais...

secrétaire général… Les dysfonctionnements et lourdeurs sont-ils une raison de renoncer à de tels acquis ?

Ne devons-nous pas plutôt réfléchir au sens de tous ces rituels qui peuvent *a priori* déconcerter ? Je pense par exemple à celui des sommets internationaux. En 2003, à l'époque où je travaillais à l'Élysée, je me suis retrouvé, sans trop comprendre ce qui m'arrivait[236], sur la terrasse de l'hôtel Royal d'Évian au milieu de Vladimir Poutine, Hu Jintao, George W. Bush et Jacques Chirac. Nous étions au G8, le temps était magnifique et ces dirigeants les plus puissants du monde savouraient le soleil, discutaient en petits comités… Je me souviens d'avoir glissé à Michel Camdessus, qui se tenait à mes côtés : « C'est ahurissant, quelle perte de temps ! On parvient à réunir les leaders de la planète et au lieu de les enfermer dans une salle pour négocier et prendre des décisions, on laisse deux heures s'écouler sans qu'il ne se passe rien… » Et mon mentor de répliquer : « Mais détrompe-toi, ce temps mort, c'est le seul moment important du sommet ! Tout le reste n'est que chorégraphie. On sait déjà ce qu'il va globalement se passer, à quelques changements mineurs près : tout le monde lit son papier, les interprètes traduisent, et puis, pendant la nuit, les sherpas remettent les discours en forme… Alors que là, c'est le moment où les uns et les autres peuvent apprendre à se connaître, à sympathiser ; qu'ils vont pouvoir se demander : alors, dans ton pays, quels sont les dossiers du moment ? comment vont ta femme et tes enfants ? etc. Du coup, la prochaine fois qu'ils prendront leur téléphone, ils commenceront par se demander des

236. J'étais très jeune encore.

nouvelles. Là est toute la force, la valeur ajoutée des sommets internationaux : ils créent de la cohésion et de la relation humaine. » J'ai pu vérifier ces sages paroles en 2014, lors du sommet du G20 en Australie. Nous sortions à peine de la crise ukrainienne et les relations officielles étaient glaciales entre la Russie et les États-Unis : Vladimir Poutine était même allé jusqu'à envoyer sa flotte devant Brisbane ! Or, dans un moment de creux, loin des regards et des micros des journalistes, j'ai surpris le dirigeant russe bavardant avec Barack Obama et Narendra Modi… Preuve qu'il y a tout de même une part de mise en scène dans le déroulement de ces sommets. Preuve aussi qu'il est crucial que de tels rituels existent, avec leurs flottements.

Apprendre à s'apprivoiser

Ces rituels ont d'autant plus d'utilité que la communauté internationale se diversifie et n'a jamais eu autant besoin de se comprendre, de s'apprivoiser. Comme l'énonçaient déjà en 2000 les Nations unies, « nous sommes aujourd'hui confrontés à un paradoxe : c'est le système multilatéral mis en place après la guerre qui a rendu possible l'émergence et l'essor d'une nouvelle mondialisation, mais c'est la mondialisation qui, progressivement, a rendu ce système caduc. En d'autres termes, les institutions nées de l'après-guerre ont été conçues pour un contexte international, alors que nous vivons maintenant dans un contexte mondial. Négocier habilement le passage de l'un à l'autre, voilà le principal défi que doivent relever les dirigeants actuels[237]. » En l'occurrence, dans un système

237. http://www.un.org/fr/documents/view_doc.asp?symbol=A/54/2000

passé du format G7 au format G20 – tout en conservant le G7[238] –, il s'agit aujourd'hui d'apprendre le langage et les codes de dizaines de nouvelles cultures, de nouveaux pays. Autant les Américains, Français, Anglais, Allemands, Japonais, Canadiens et Italiens se connaissent par cœur – quand un Anglais ouvre la bouche, le Français qui le fréquente depuis la guerre de Cent Ans sait quand « oui » veut dire non, et quand « non » veut dire oui[239] !... –, autant cerner un Indonésien ou un Argentin, ou, pour ces derniers, un Français ou un Canadien, jusque dans ses sourires et ses clignements d'yeux, demandera plusieurs décennies.

J'ai personnellement beaucoup appris, ces dernières années, en côtoyant les élites des pays émergents et en découvrant leurs divers parcours de vie. J'ai notamment en tête un dîner où mon voisin de gauche était le ministre des Finances sud-africain, et mon voisin de droite un collègue chinois de la Banque mondiale, le patron de la Société financière internationale (IFC) ; nous parlions éducation. Le premier se confie : « Mon éducation, je l'ai faite en prison. J'y ai passé dix ans pour avoir été membre de l'ANC[240]. » Et le second d'enchérir : « Moi, je suis né en 1958 dans une famille musulmane à Pékin et j'ai vu les ravages de la révolution culturelle... Heureusement, Deng Xiaoping a ouvert les frontières en 1980 et j'ai eu la chance d'obtenir un des tout premiers visas pour aller étudier aux États-Unis. Depuis lors, je voue un culte à cet homme : s'il n'avait pas été là, s'il avait laissé le pays aux

238. Le G8 ayant été abandonné après l'annexion de la Crimée par la Russie en 2014.
239. Encore que le référendum sur le Brexit a probablement renouvelé l'analyse !
240. *African National Congress* ou Congrès national africain.

mains de la Bande des Quatre qui a succédé à Mao Zedong, la Chine serait peut-être aujourd'hui une grande Corée du Nord... » Qui aurait parié que cet homme dirigerait Goldman Sachs en Chine, puis une grande institution internationale, et qu'il formerait aujourd'hui le projet de lever de l'argent dans son pays pour investir dans le développement africain ? Quel fossé, surtout, avec mon parcours classique de technocrate français, ayant passé un concours à dix-huit ans – le grand stress de nos vies (pour ma part, j'en ai passé un second à vingt-trois ans parce que j'aimais ça[241] !) –, avant de faire carrière... Quand vous prenez conscience de l'expérience vécue de vos pairs émergents, vous admettez volontiers qu'ils n'ont pas forcément la même vision du monde que vous, qu'ils n'ont pas forcément envie de vous être agréables. Un Russe m'a dit un jour : « En fait, si nous vous faisons peur, c'est parce que nous savons ce que c'est que d'avoir faim, de se battre. Chez nous, la vie n'a pas la même valeur que chez vous, Européens, qui êtes des peuples repus : vous avez peur de vous battre, de perdre votre confort. Vous n'avez plus le sens tragique de l'Histoire. » Que répondre à cela ?

Nous devons apprendre à mieux connaître ces populations qui n'ont pas la même culture, les mêmes valeurs, les mêmes régimes politiques, les mêmes parcours de vie que nous. Et qui, de surcroît, n'ont pas les mêmes appétits qu'il y a quinze ans : leurs attentes se sont multipliées et sophistiquées. Moi-même je me suis laissé surprendre lors de mon déplacement à Xiamen, dans le Fujian[242] : je ne

241. Maladie française ?...
242. Voir aussi chapitre VIII.

m'attendais pas à y voir, sur un chantier de construction de voies sur berges, des ouvriers en train de soulever (au sens propre du terme !) une église et son presbytère pour les transférer ailleurs. Jamais je n'aurais pensé que les Chinois étaient arrivés à ce stade de leur développement où la préservation des monuments historiques est une priorité – et pourtant c'est bel et bien le cas. Levons nos préjugés sur ces pays et ces cultures que bien souvent nous ne prenons pas le temps de comprendre, de découvrir. Apprenons à coopérer avec elles, en les mettant de bonne foi sur un pied d'égalité avec nous : autrement dit, en reconnaissant leur légitimité à prendre une part plus importante dans les décisions et les échanges internationaux. Cela vaut dans les deux sens : les leaders émergents eux aussi doivent pouvoir reconnaître les effets négatifs de leurs politiques, qu'elles soient par exemple environnementales ou monétaires, sur celles des économies avancées. Mais cela ne se fera que si, tous, nous apprenons à respecter nos différences.

Ne soyons pas naïfs, cela n'a rien d'évident. Quand on voit le temps que cet apprentissage a pris en Europe, quand on voit à quel point il est fragile, alors même que les pays de l'Union partagent à peu près la même histoire, la même civilisation, on mesure la difficulté de s'entendre avec les autres continents... Ce n'est pas parce que nous sommes de plus en plus à parler la même langue – le même *globish*, le même langage financier ou numérique – qu'il y aura moins d'efforts à faire. Mais nous n'avons pas le choix : nous sommes et serons de plus en plus à l'avenir amenés à vivre ensemble, à travailler de concert pour le bien de l'humanité. Nous devons promouvoir une pédagogie du multilatéralisme, expliquer aux opinions publiques que l'autosuffisance des États est illusoire, que le rêve nostalgique de retrouver l'Angleterre élisabéthaine, la France de Louis XIV, la Grande Russie ou l'Empire ottoman ne mènera à rien.

Pour autant, nier les différences qui nous distinguent serait tout aussi contre-productif. Apprenons plutôt à nous servir de ces différences, à en faire autant d'opportunités. Je n'imagine pas un monde uniforme, babélien : si toute la planète devait parler la même langue, penser de la même façon, il n'y aurait plus ni parole ni pensée. La (bio)diversité est pour l'humanité une richesse inestimable. Au lieu de nous recroqueviller sur nous-mêmes, de rejeter l'autre pour préserver jalousement notre identité, nous ferions mieux de travailler ensemble pour aider chaque pays du monde à développer ses propres ressorts culturels, économiques, sociaux : l'aider par exemple à créer un luxe local dont il soit fier, plutôt que de chercher à copier d'autres pays[243].

La Banque mondiale, de ce point de vue aussi, me semble une organisation précieuse dont nous devrions mieux tirer parti. En un peu plus de soixante-dix ans d'existence, elle est parvenue à créer sa propre culture, qu'on pourrait qualifier d'universelle : mélange de culture politique américaine (avec son biais universaliste), de culture économiste et financière, de culture « du développement », et des apports des cultures d'origine de ses

243. Tel est l'aboutissement de la croissance inclusive, ainsi que j'ai pu l'exposer récemment lors de l'assemblée générale de LVMH, où j'étais invité à intervenir sur le thème improbable, mais au final stimulant : « Luxe et développement ».

188 États actionnaires[244]. Les profils y sont aussi beaucoup plus diversifiés qu'autrefois. Comme je l'évoquais en 2015 : « rien n'est figé pour l'éternité. Les principes [de la Banque mondiale] sont sujets à débat, il faut constamment les faire vivre. Certains peuvent penser que nous imposons partout une même vision. C'est de moins en moins le cas. Nous parlons de plus en plus de nos "partenaires". Les Chinois nous disent : "Nous avons autant à vous apporter que vous avez à nous apporter." Ils ont raison. Notre institution qui pourrait être extraordinairement rigide – et qui, à bien des égards, l'est encore – a réussi petit à petit à s'adapter et à créer un modèle mondial[245]. »

Améliorer la légitimité sans briser l'efficacité

L'humanité a su se doter, au milieu du XXe siècle, d'institutions visionnaires et utiles. Elle a déjà su les adapter au fil du temps, réorienter leurs missions, leur adjoindre des organisations complémentaires. ONU, Fonds monétaire international (FMI), banques multilatérales de développement, G7+, G20, G24, G77, Conseil de stabilité financière (FSB), Parlement européen, etc. sont des outils concrets de la coopération internationale. Au lieu de renoncer à les utiliser, faisons le maximum avec ce système qui ne

---

244. Cf. Bertrand Badré, « Quand la Banque mondiale soulève le couvercle des cultures », Entretien avec Alain Henry, *Le Débat*, 2015/3 n° 185, p. 185-190 : « Je n'ai jamais vu un comité exécutif – pour prendre un terme français – qui soit aussi divers que celui dans lequel j'exerce aujourd'hui. Jamais ! J'étais habitué à des comités exécutifs composés de polytechniciens et d'énarques : pour faire court, des hommes blancs, issus des mêmes écoles, de culture catholique – ayant aussi leur propre biais universaliste. La Banque présente une réelle diversité culturelle. C'est frappant : ici, à la cafétéria, vous avez la planète entière devant vous. Je ne connais pas d'endroit au monde où l'on puisse voir la même chose. »
245. *Ibid.*

fonctionne pas si mal. Plutôt que de les laisser se déliter, s'enliser dans l'inadaptation et le bureaucratisme, plutôt que de les balayer d'un revers de main en se disant que « FMI et Banque mondiale, ça suffit », que mieux vaudrait les voir disparaître pour échapper à la « dictature des financiers », réservons nos efforts à adapter ces outils, à les moderniser, à les ouvrir sur le monde et ses nouveaux acteurs : les pays émergents, mais aussi le secteur privé et la société civile.

Nous devons sortir le domaine public international du seul système « westphalien[246] », centré sur les relations interétatiques, dans lequel il s'est enfermé jusque-là : les Nations unies ne peuvent se résumer à une union de nations, en ignorant les peuples ; l'Union européenne ne peut se résumer à une union d'États ; la Banque mondiale et le FMI ne peuvent se résumer à une assemblée d'États actionnaires représentés à un conseil d'administration. Nous devons rendre ce système de gouvernance mondiale plus accessible aux peuples et aux diverses parties prenantes engagées dans la société : le rendre plus transparent – il l'est déjà à bien des égards, mais souvent nous ne le savons pas –, plus digeste et intelligible – mettre en ligne sur Internet des milliers de pages d'accords, de traités et de rapports ne suffit pas, nous devons savoir mieux les promouvoir, donner du sens et du crédit à ces réflexions et ces engagements internationaux –, plus démocratique aussi. Les organisations internationales ne mobiliseront et ne feront rêver les peuples que lorsqu'elles auront

246. Voir chapitre I.

intégré davantage de démocratie participative dans leurs procédures d'action et de prise de décision.

Dans cette nouvelle approche de la gouvernance mondiale, une de nos priorités doit donc être de trouver un équilibre approprié entre efficacité et légitimité. L'efficacité, c'est la tentation du directoire où les chefs des pays les plus puissants (ceux du G7 ou de feu le G8) instruisent le reste du monde à l'aune de leurs propres intérêts – à sept ou huit, les décisions se prennent incontestablement plus vite. La légitimité, c'est la tentative de faire que tout le monde se sente partie prenante de ces décisions, que l'on vive à Trinité et Tobago ou bien aux États-Unis ou en Chine, que l'on soit président de la République, ministre des Finances, entrepreneur ou simple citoyen. Le G20 a été créé en 1998 pour répondre à la crise économique asiatique, en réunissant les grands argentiers des vingt puissances les plus importantes : la communauté internationale reconnaissait alors que les sept ou huit pays les plus riches ne pouvaient plus être les seuls décideurs de la planète.

Mais ce cadre élargi à vingt porte-voix trouve aujourd'hui à son tour ses limites : dans un monde désormais interdépendant, ultra-connecté, comment faire en sorte d'écouter tous ceux (et ils sont majoritaires) qui ne siègent pas autour de la table, comment s'assurer qu'on prenne en compte leurs intérêts ? Comment traiter les problèmes spécifiques aux pays oubliés du système financier international, comment réintégrer les exclus de la réglementation sur le *correspondent banking*[247] ? Comment

247. Voir chapitre VI.

imposer les normes internationales définies par le FSB – organe du G20, qui couvre 90 % de la finance mondiale – aux plus de 150 États restants ? On ne peut ignorer les revendications de certains banquiers centraux africains qui s'estiment forcés à appliquer des réglementations à l'élaboration desquelles ils n'ont pas participé...

Face à ce problème de légitimité, une institution comme la Banque mondiale me semble pouvoir jouer un rôle déterminant. De fait, la présence de cette banque de développement est unique sur la planète : non seulement elle a un réseau de multinationale[248], mais son accès mondial lui permet d'être la « voix des sans-voix » au sein de la communauté internationale. Le Groupe est invité aux discussions et sommets du G7 et du G20 ; il est membre du FSB et est représenté dans un certain nombre d'organes normatifs. Cela n'est pas qu'un statut symbolique ; c'est un accès aux instances qui élaborent le consensus mondial et discutent des règles ayant ensuite un impact sur les clients de l'institution. Autrement dit, le Groupe peut exprimer l'opinion des personnes qui ne sont pas présentes dans la discussion et partager leurs inquiétudes, faire en sorte que la conscience solidaire de la planète soit aussi écoutée. Elle peut poser des questions qu'aucune autre organisation ne songerait à poser : quel est l'impact sur les économies émergentes et en développement du nouveau cadre de réglementation financière ? Y a-t-il des conséquences imprévues, comme dans le cas du *correspondent banking* ? Elle peut souligner l'importance de l'atténuation de risques, la mesurer et la faire remonter au niveau

248. Voir chapitre IX.

approprié. Elle doit pouvoir faire encore davantage : mettre sur la table la question récurrente de la gestion des biens publics mondiaux, insister sur les efforts culturels nécessaires à consentir pour rapprocher les discussions de haut niveau des priorités quotidiennes sur le terrain. Le Groupe Banque mondiale est le seul à pouvoir se charger de cette mission avec l'intensité nécessaire. Nous n'y sommes pas encore. Mais l'effort doit inlassablement se poursuivre. Et c'est dans cet esprit que j'ai agi chaque fois que je me suis trouvé en situation dans l'une ou l'autre de ces enceintes.

Nul ne peut prétendre que nous n'avons pas les moyens d'agir !

Historiquement, la coopération internationale s'est bâtie sur la coopération économique et financière. Les institutions de 1944-1945 en sont la preuve encore vivante. Plus récemment, la création du G20 a démontré que face aux urgences, la communauté mondiale savait encore coopérer : l'urgence, en l'occurrence, était la catastrophe financière de 2007-2008, à laquelle le monde a remédié en renforçant le G20 des ministres des Finances et des banques centrales, lui-même créé pour répondre à la crise asiatique de 1997, par un G20 des chefs d'État. L'ampleur de la crise plaidait pour un engagement en première ligne de nos dirigeants. Si l'innovation institutionnelle fut alors revendiquée par plusieurs dirigeants, en vérité, un premier essai avait été tenté dès 2003 à Évian, avec l'invitation par Jacques Chirac de dirigeants extérieurs au G8 (tels qu'Hu Jintao ou le roi Abdallah d'Arabie saoudite, ainsi que cinq chefs d'État africains pilotant le NEPAD). Quoi qu'il en soit, la création du G20 des chefs d'État a très bien rempli sa mission de réponse d'urgence à la crise financière mondiale[249]. Entre 2008 et 2010, nous avons vécu une séquence « enchantée » où, le monde étant au pied du mur, les dirigeants de la planète se sont enfin attaqués aux dossiers financiers et macroéconomiques qui avaient été mis de côté jusque-là : la réglementation de l'activé bancaire, la lutte contre les paradis fiscaux, celles contre l'érosion de la base d'imposition et le transfert de bénéfices (*Base Erosion and Profit Shifting* : projet mené conjointement par l'OCDE et le G20) ou encore contre le financement du terrorisme... Les sommets de Londres et de Pittsburgh en 2009 ont marqué l'apogée de cette période glorieuse du G20, où la communauté internationale a su faire montre de vision, de volonté, de leadership, où elle a su être à la hauteur des événements et éviter le naufrage des années 1930, après l'échec de la conférence de Londres[250]. L'Europe elle-même a su agir alors de concert, en achevant sa toute première union dans la zone euro : l'union bancaire (perspective hautement improbable vingt-cinq ans plus tôt, alors qu'elle s'imposait en 2010-2011 comme une évidence !...).

---

249. Un hommage particulier doit être rendu ici à Gordon Brown, dont le leadership a été décisif lors du sommet du G20 à Londres en 2009.
250. Du 12 juin au 27 juillet 1933, la conférence économique et monétaire de Londres réunit les représentants de 66 pays décidés à remettre en marche l'économie mondiale, gravement perturbée depuis le krach de 1929 et la dévaluation de la livre britannique de 1931. L'entente internationale achoppa sur l'opposition de Franklin D. Roosevelt, qui n'avait pas même fait le déplacement, à un accord de stabilisation des taux de change, promu notamment par la France. Le système monétaire international fondé sur l'étalon-or s'effondra alors, relançant la crise mondiale.

Cet élan extraordinaire qui animait, il y a encore six ans, la communauté internationale, s'est aujourd'hui pour le moins dégonflé. Malgré le sursaut de 2015, et en dépit du ralentissement économique qui s'installe, force est de constater que le G20 devient de plus en plus un *talk shop* où l'emportent les agendas domestiques, la crise étant moins aiguë qu'auparavant... Le G20 n'est pas loin de ressembler à un « G-Zero[251] » où règne « la stratégie O-H-I-O ». L'inefficacité est particulièrement flagrante sur un dossier qui m'est cher, celui du financement des infrastructures : rien n'avance réellement en dépit de la force des évidences, soit l'immensité du réservoir des liquidités mondiales en regard de l'immensité des besoins. Qu'attendons-nous pour agir ?

Les difficultés européennes exacerbées par les crises de l'euro et des réfugiés, portées à ébullition par le référendum sur le Brexit et la décision des Britanniques de quitter l'Union européenne, dénoncées par les populistes, ne doivent pas nous amener à méconnaître les progrès apportés par ce que nous avons construit ensemble depuis 1950. Les partisans de la construction européenne, parce que c'est une idée compliquée – qui a eu tendance à s'égarer dans la technique et la superstructure, au détriment de l'élan d'origine nourri par les jumelages entre villes et les échanges entre écoliers et étudiants –, se retrouvent souvent sur la défensive alors même que nous devrions être fiers de ce qui a été fait. De telles hésitations tendent surtout à occulter l'essentiel : l'Europe a les moyens d'agir ! Si la crise autour du Brexit a bien révélé une chose, c'est

251. Voir chapitre IV.

que la meilleure chance de l'Europe était le couple franco-allemand : l'alliance originelle d'un leader économique (l'Allemagne) et d'un leader militaire et diplomatique (la France), devenus aujourd'hui deux puissances motrices entre Est et Ouest, entre Nord et Sud, qui puisse tirer vers le haut le reste de l'Union, qui lui permette de peser sur la scène mondiale. Le monde ne peut se permettre le luxe d'une Europe faible alors que, de l'Ukraine au Sahel, les incendies font rage. Ce continent qui rêvait, il y a encore vingt ans, « l'union sans cesse plus étroite des peuples », a su concrétiser un projet devenu un modèle pour le monde : un modèle de valeurs communes, construites sur la démocratie, les droits de l'homme et la reconnaissance du marché ; un laboratoire du vivre-ensemble. Ce projet reste un modèle d'avenir que nous avons le devoir de préserver. Si nous n'y parvenons pas, nous Européens, quel autre ensemble de pays pourrait avoir envie d'y arriver ? Nous avons les outils, les idées, les institutions : nous avons les moyens de nos ambitions. Mais ces outils ne nous serviront à rien si l'Europe ne se trouve ni leaders pour leur donner du sens, ni soutien des peuples pour les encourager et les actionner dans la bonne direction.

La France me paraît avoir sur ce point une responsabilité particulière, en ce sens qu'elle a la chance de détenir encore une influence réelle – et en vérité largement disproportionnée, eu égard à son poids économique et démographique – sur la gouvernance mondiale. Qu'il s'agisse du FMI avec Christine Lagarde, récemment de la BCE avec Jean-Claude Trichet, de l'OMC avec Pascal Lamy, de la Banque mondiale avec le poste que j'ai pu occuper, ou encore de notre très convoité siège permanent au Conseil de sécurité de l'ONU, notre pays a encore en main toute une série d'attributs qu'il nous appartient de mobiliser, afin de faire entendre notre voix singulière au sein de la mondialisation. Mais cette voix ne sera entendue que si elle fait de l'Europe sa caisse de résonance. Vu de Washington, l'Europe est une évidence, de même que la France est une évidence au sein de l'Union européenne. Soyons à la hauteur ! Aujourd'hui, la faiblesse française en Europe explique une partie de la faiblesse européenne dans le monde, au moment où le besoin d'Europe est immense. L'influence française est disproportionnée positivement comme négativement : ne nous méprenons pas, ne nous sous-estimons pas non plus.

Nous faisons partie de la génération qui a rêvé l'Europe ; ne soyons pas celle qui casse le jouet. Après le Brexit, évitons rancœurs ou simplisme. Montrons l'exemple ! Assumons la responsabilité historique qui est la nôtre d'exercer nos prérogatives, d'utiliser notre capacité d'action pour redonner du souffle à un projet qui, pour beaucoup d'entre nous, a inspiré nos vocations professionnelles et nos engagements. Comme j'ai pu le dire dans une conférence, de manière peu protocolaire et provocatrice : « *We have been dating so long, it's time to go to bed*[252] *!* » Il est temps de faire enfin un saut quantique vers un fédéralisme d'un nouveau genre, peut-être en cercles concentriques, de choisir la révolution des États-Unis d'Europe plutôt que la fin de l'Empire romain. D'une certaine manière, l'Europe s'est construite sur des crises successives et a toujours su, jusqu'à présent, trouver

252. Depuis le temps que nous multiplions les rendez-vous galants, il est temps d'aller conclure au lit !

au dernier moment l'énergie du sursaut. Mais le fait qu'elle y soit parvenue pendant soixante ans n'apporte pas la preuve qu'elle pourra encore le faire pendant les soixante prochaines années, ou davantage... L'histoire n'est pas écrite, elle nous appartient.

Ce qui est vrai pour l'Europe l'est aussi pour le reste du monde. Les outils qui nous font travailler ensemble, aussi imparfaits soient-ils, sont cruciaux. Les hésitations actuelles ne doivent pas nous amener à mépriser la capacité d'action du G20, quand bien même ce modèle de coopération serait infiniment moins intégré et avancé que le modèle européen. Dans un cas comme dans l'autre, nous avons autour de la table des personnes en capacité de décider et donc en capacité de passer à l'action. Les membres du G20 sont actionnaires majoritaires du FMI et de la Banque mondiale, comme de la plupart des institutions financières internationales. Ils ont globalement et régionalement une capacité d'entraînement. Ils ont par le biais du FSB une capacité à influencer la régulation financière internationale. Le poids de leurs économies leur confère une importante force de frappe et de mobilisation. Tout cela n'est pas rien et laisse entrevoir comment, en se donnant des objectifs précis, ces pays et ce forum pourraient contribuer à faire avancer le bien commun.

Faire de la finance un outil de la gouvernance mondiale, et non plus un point de l'ordre du jour

Le G20 constitue aujourd'hui le forum le plus efficace et représentatif de la gouvernance économique mondiale :

c'est la seule place de la mondialisation où se rencontrent les marchés et les institutions. Qu'attendons-nous pour en faire autre chose qu'un lieu de réunion des ministres des Finances et des gouverneurs de banques centrales ou, une fois par an, des « leaders », autre chose qu'un lieu de discussions techniques sur les politiques de change, la régulation bancaire ou le taux d'inflation ? Qu'attendons-nous pour y traiter des vraies questions où se joue l'avenir de l'humanité ? Qu'attendons-nous pour y faire de la finance autre chose qu'une mécanique, un point de l'ordre du jour ? Pour poser sur la table le fait que nous avons les ressources pour agir, et nous demander concrètement comment – par quelle organisation des énergies, des « triathlètes », par quels modes de coopération, par quels efforts d'adaptation des réglementations, par quelles mesures de contrôle et d'incitation, par quelles instructions données aux institutions dont les membres du G20 sont des actionnaires majoritaires : Banque mondiale, FMI... – mobiliser toutes ces ressources au service des engagements de 2015 ?

Je ne répéterai jamais assez combien le cas des infrastructures est exemplaire. Séparément et tous ensemble, les membres du G20 sont en mesure de prendre en compte les obstacles réglementaires et financiers, de mobiliser les expertises, de former les talents et de définir comment créer une classe d'actifs « Infrastructures » nouvelle et reconnue, permettant d'attirer dans les meilleures conditions une part significative de l'épargne mondiale, loin, par exemple, des placements à taux zéro, voire négatifs...

Qu'attendons-nous pour faire du G20, et, dans son sillage, de l'ensemble des institutions internationales, des lieux de leadership réel – d'un leadership partagé ? Des lieux de décision et d'exécution, de mobilisation des forces et des intelligences ? Des lieux d'intégration et de convergence, de prise en compte concrète des attentes et des besoins ? Des lieux d'innovation et d'expérimentation économique, réglementaire, financière, sociale, où tester des idées et définir des standards, des laboratoires mondiaux de la « P4C[253] » ?

N'oublions pas qu'il existe autour du G20 toute une série de satellites qui n'attendent que d'être mieux utilisés : le B20 (Business 20) rassemble les entreprises des pays membres, le L20 (Labour 20) réunit les syndicats, le T20 (Think 20) rassemble les *think tanks*, sans compter le W20 (Women 20) et le P20 (Public 20)... Qu'attendons-nous pour faire de ces agoras mondiales des lieux d'action concrète, et pas seulement des *talk shops* et des estrades où proférer des déclarations de principe ? Des lieux d'entraînement de la révolution silencieuse qui a le potentiel de changer le monde ? Animons le système d'une vision et d'une philosophie : celle des faiseurs, des inventeurs, des bâtisseurs, celle des meneurs et des catalyseurs. Donnons-lui de la chair, du sens, de la substance, du cœur ! C'est le meilleur moyen qui est aujourd'hui à notre portée pour éviter de voir le monde broyé par les forces de fragmentation. Nous avons eu l'intelligence de créer les outils ; sachons nous en saisir et les utiliser.

---

253. Voir chapitre IX.

Ne pas créer de nouveaux outils : quelques pistes pour enfin utiliser l'existant !

Le sommet du G20 en septembre 2016 à Hangzhou, dans le Sud-Est de la Chine, a représenté un moment historique dans la gouvernance économique mondiale, et ce à plusieurs égards. Non seulement c'est la première fois que la deuxième, voire première économie du monde[254] accueille un tel sommet, mais c'est aussi la première fois que le G20 prévoit de définir un plan d'action pour l'application des objectifs du développement durable (ODD) fixés dans l'Agenda 2030 pour le développement durable. Déjà au printemps 2016, sous l'impulsion de la Chine, le G20 a publié sa première déclaration de la présidence sur le changement climatique. Je vois dans ces efforts un horizon prometteur pour la coopération internationale, que nous devrions davantage encourager.

Le G20 commence à prendre pleinement la mesure de sa capacité d'action, de son devoir de leadership, de mobilisation, d'exemplarité. La Chine sait qu'elle a un rôle important à jouer dans l'entraînement des autres pays émergents en faveur d'un consensus partagé sur la coopération économique internationale – pas nécessairement sur les mêmes politiques, rappelait récemment l'économiste britannique Jim O'Neill[255], mais sur les politiques appropriées à mettre en œuvre dans les différentes parties du monde. En l'occurrence, la présidence chinoise du G20 a exhorté tous les participants du futur

254. Voir chapitre I.
255. http://french.xinhuanet.com/2016-05/22/c_135377982.htm

sommet à inclure une application stricte des ODD dans leur programme national de développement à moyen-long terme, en faisant coïncider parfaitement les efforts domestiques avec l'agenda international. Elle s'est engagée dans une vaste campagne de promotion du développement en encourageant la reconnexion des dirigeants à leurs populations – opportunité unique que représente l'application de l'Agenda 2030, recentré sur l'humain –, la recherche scientifique, l'interconnectivité, l'innovation institutionnelle[256], l'amélioration de la gouvernance – et, de fait, les participants aux groupes de travail en amont du sommet de Hangzhou ont salué l'ouverture et la transparence de la Chine lors de ces préparatifs. Elle a fait enfin et surtout une priorité des investissements dans les infrastructures (en particulier pour l'industrialisation en Afrique et dans les pays les moins avancés), conçus comme le pilier d'une croissance mondiale durable à court et long termes. Saluons davantage ces efforts, soutenons-le haut et fort en plaidant pour un leadership partagé et assumé de la Chine et des États-Unis !

J'ai déjà évoqué combien le dossier du financement des infrastructures constitue à mes yeux la meilleure piste pour que l'humanité parvienne, en pratique, à travailler

256. Une façon de suivre la mise en œuvre de l'Agenda 2030 serait pour les dirigeants du G20 de reconstituer le groupe de travail pour le développement (DWG) au sein de leur groupe de travail pour le développement durable : incarnation de l'engagement universel en faveur des ODD, cette innovation institutionnelle permettrait de renforcer le système existant d'évaluation de la responsabilité des pays – le processus d'évaluation mutuelle (MAP) du G20, qui suit les différentes stratégies de croissance et les programmes de réformes structurelles –, en définissant un ensemble de priorités et de principes directeurs, et en s'appuyant sur une déclaration volontaire des pays autour de leurs progrès, fondée sur des preuves et des données.

de concert pour un avenir durable[257]. Dans ce domaine comme dans d'autres tels que le climat ou le *big data*, les banques multilatérales de développement (BMD), en complément du G20, offrent de précieux laboratoires du consensus planétaire. Il n'y a pas meilleur endroit au monde pour tester des outils, des idées, pour prendre des risques à plusieurs, pour accepter de se tromper et recommencer différemment. Mais pour ce faire, il faut être capable, comme je le soulignais en 2015 dans un entretien, « de tester une idée dans un pays, sans avoir une vision uniforme » : il faut savoir « se demander ce qui est spécifique à chaque pays, comprendre ce qui peut être répliqué ailleurs ou ce qu'il faut adapter. Certaines entreprises réussissent mieux que d'autres à valoriser cette capacité[258]. » Pour développer de nouveaux modèles et paradigmes et forger des approches holistiques, les BMD ont un rôle essentiel à jouer au niveau mondial, régional et national. Outre leur devoir d'innovation, la mission de coordination dont elles ont la charge est cruciale, à mon sens, pour favoriser l'harmonisation entre les initiatives nouvelles ou anciennes au service des ODD, mais aussi l'échange d'informations entre tous les acteurs – gouvernements, secteur privé, banques de développement, organisations internationales et société civile – de la gouvernance mondiale. Là est le cœur battant du consensus au sein de l'humanité.

Ce rôle historique des BMD a été entériné par la création du Forum mondial pour l'infrastructure, qui a vu officiellement le jour en avril 2016 et est appelé à se réunir

257. Voir chapitre IX.
258. « Quand la Banque mondiale soulève le couvercle des cultures », *op. cit.*

tous les ans. Inscrit par la communauté internationale dans le Programme d'action d'Addis-Abeba, ce forum est co-organisé par les BMD[259], selon une présidence tournante, en partenariat avec des représentants des G20, G24, G77 et G7, ainsi que des agences des Nations unies, entre autres. Une telle association doit permettre aux États et aux partenaires du développement de travailler ensemble pour combler les lacunes qui existent en matière d'infrastructures à l'échelle mondiale, en s'appuyant sur les mécanismes de collaboration multilatérale existants. Comme l'a rappelé son président dans une allocution[260], le forum « encouragera l'expression d'opinions plus diversifiées, provenant notamment des pays en développement » ; il laissera « les rênes aux pays pour planifier, exécuter, superviser et évaluer des programmes d'infrastructures viables, résilients, inclusifs et bien hiérarchisés » ; il encouragera « systématiquement la participation de toutes les parties prenantes – à savoir les pouvoirs publics, les usagers, le secteur privé et la société civile – à la planification, au financement par la mobilisation de ressources intérieures ainsi que par des financements nationaux et internationaux, et à l'exploitation de services d'infrastructures ». Ce type d'agora est crucial pour nourrir l'esprit de coopération.

L'autre grand défi mondial où le G20 ainsi que les banques de développement doivent pouvoir être mieux utilisés est celui du financement de l'atténuation du changement climatique. Ainsi que le soulignait Mark Carney

259. BAfD, BAII, BAD, BERD, BEI, BID, BIsD, NBD et Groupe Banque mondiale.
260. http://www.banquemondiale.org/fr/topic/publicprivatepartnerships/brief/chairmans-statement-global-infrastructure-forum-2016

dans son discours de Londres[261], « une réponse efficace du marché aux risques du changement climatique de même que des technologies et des politiques pour l'affronter doivent pouvoir être fondées sur la transparence de l'information » et une amélioration de celle-ci « sur les coûts, sur les opportunités et sur les risques du changement climatique ». S'il existe « déjà près de 400 initiatives qui visent à fournir de tels renseignements », telles que le *Carbone Disclosure Project* (CPD) qui met à disposition des investisseurs des informations sur 5 000 entreprises, face au risque d'éparpillement, le G20 doit « faire davantage pour une publication d'informations cohérentes, comparables, fiables et claires concernant l'intensité carbone des différents actifs ». Respecter ces standards exige en effet « une coordination que seules des organisations comme le G20 et le Conseil de stabilité financière peuvent mettre en place ». D'où la création en janvier 2016 du groupe de travail sur la publication d'informations climat (*Climate Disclosure Task Force*), présidé par Michael Bloomberg, « pour concevoir et proposer une norme volontaire de publication d'informations par les sociétés qui produisent ou émettent du carbone ». Si les banques multilatérales de développement ont un rôle clé à jouer pour catalyser efficacement les ressources en faveur d'une économie faible en carbone et résiliente[262], elles ont ici aussi une vraie mission de coordination à assurer à l'échelle mondiale. C'est tout le sens de la Coalition pour le leadership en matière de tarification du carbone (*Carbon Pricing Leadership Coalition* ou CPLC), créée par le Groupe Banque mondiale – en

---

261. « Mettre fin à la tragédie des horizons », *op. cit.*
262. Voir chapitre IX.

collaboration avec plus de 90 entreprises et 20 gouvernements, entre autres acteurs du privé et du public – pour répondre à la nécessité d'accélérer une action globale sur la fixation de prix pour le carbone[263]. Réunie à Washington puis à Paris au printemps 2016, la CPLC a su mettre rapidement à profit la dynamique créée par l'accord de Paris pour rassembler un nombre croissant de pays partenaires, promouvoir des mécanismes de tarification du carbone performants et diffuser des informations sur ces dispositifs, *via* de nouveaux « Principes pour une tarification efficace du carbone », notamment.

En fait d'action collective, le *big data* est un autre terrain d'avenir où les BMD ont un rôle stratégique à jouer, en tant que gestionnaires de données au service du développement. Non seulement le *big data* est un bien commun qu'il importe de gérer comme tel, libéré des monopoles des GAFA et ouvert à tous, mais la construction de données fiables et accessibles est une matière première essentielle pour définir une bonne politique de développement à l'échelle mondiale, prendre les décisions adaptées et rendre des comptes. Dans ce domaine également, les BMD se sont engagées à développer un consensus mondial sur les principes et les normes pour consolider les données de développement, ainsi qu'à améliorer en continu les modalités de partage de leurs connaissances. Aider les pays à obtenir des résultats mesurables, améliorer l'accès à l'information, favoriser l'*open source*, le développement ouvert, sont autant de priorités pour permettre à tous de

---

263. http://www.banquemondiale.org/fr/news/feature/2016/04/15/carbon-pricing-building-on-the-momentum-of-the-paris-agreement

contribuer à la résolution des défis mondiaux du développement. La nouvelle plateforme Banque mondiale Live – qui permet à des internautes du monde entier de participer à des discussions en ligne – occupe d'ailleurs une place importante désormais dans le cadre des assemblées et réunions tenues avec le FMI.

On le voit, nombreuses sont les pistes concrètes de travail qui s'ouvrent devant nous, à tous les niveaux de la société et dans tous les pays du monde, pour faire des engagements internationaux de 2015 autre chose que des vœux pieux, et permettre aux forces d'unité de l'emporter sur les forces de dispersion. Notre responsabilité est désormais de nous en emparer tous : aux dirigeants nationaux et internationaux, de montrer l'exemple et mobiliser en tirant profit au mieux des institutions qu'ils pilotent et auxquelles ils participent ; aux entreprises, investisseurs, organisations internationales, associations, citoyens, etc., d'utiliser les divers instruments et réseaux qu'on leur met aujourd'hui, et chaque jour davantage, à disposition pour faire progresser la « révolution silencieuse » qui changera le monde. Nous sommes tous des acteurs clés de la gouvernance mondiale : si, en connaissance de cause, nous consentons tous enfin à passer à l'action, je ne doute pas que nous apprenions à nous entendre. Outils de régulation, d'incitation financière, moyens de pression pour les parties prenantes : toutes les pièces du puzzle sont là. Ne renonçons pas, et avec ces pièces construisons notre avenir !

CONCLUSION

L'humanité est à la croisée des chemins. Deux scénarios extrêmes s'opposent. Soit nous nous laissons emporter par les forces de désintégration qui malmènent actuellement le monde, soit nous nous reprenons en main pour faire front ensemble et unis. Soit nous laissons prospérer la « mondialisation de l'indifférence » et une finance aveugle, soit nous reconstruisons une mondialisation domptée et une finance domestiquée qui profitent à tous. Cela dépend de nous. De nous tous et de chacun de nous.

On l'aura compris par les lignes qui précèdent, loin de moi l'idée, naïve, de m'en remettre à la seule bonne volonté des peuples et de leurs représentants – même si, à titre personnel, c'est un état d'esprit général que j'appelle de mes vœux, davantage en tout cas que le cynisme auquel le monde s'est habitué... Soyons réalistes, l'humanité se laissera encore et toujours largement guider par ses intérêts.

Mais ses intérêts, en l'occurrence, n'ont jamais autant convergé. Climat, santé publique, équilibres économiques et démographiques, accès à l'énergie, *big data* sont autant de questions vitales qui nous sont posées avec une acuité inouïe. Aucun pays au monde ne saurait les résoudre seul. Surtout pas en érigeant des murs avec ses voisins et en consolidant ses frontières ! Notre planète n'a jamais été aussi plate et interconnectée, aussi petite et fragile à la fois.

Cette situation inédite donne le vertige, érode la confiance, exacerbe les peurs. Le récent référendum britannique sur le Brexit en a été l'illustration la plus crue et la plus brutale.

Mais j'y vois pourtant et aussi une extraordinaire opportunité.

Car dans le même temps, l'humanité n'a jamais eu à sa disposition autant de ressources financières et humaines, ni autant de moyens d'action. Elle n'a jamais rassemblé autant d'intelligences, d'énergies, d'argent et d'outils pour les mobiliser. L'humanité, pour reprendre une image chère à Michel Camdessus, a les mains multiples de la déesse hindoue Shiva : elle a la main invisible du marché, celle qui agit en fonction des incitations ; elle a la main de justice de l'État, celle du pouvoir politique qui est là pour réguler et instruire, pour préparer le long terme et corriger les inégalités ; elle a aussi, quand elle le veut bien, la main tendue de la solidarité et de la charité. Servons-nous de toutes ces mains ! Utilisons-les de manière conjointe et intelligente, et non de manière à nous écarteler !

Certes, nombreux sont ceux à n'avoir plus confiance dans la finance. Elle a tout fait pour le mériter : elle a mené le monde au bord de la ruine, alors qu'elle lui promettait paix et prospérité. Pour autant, ne la bannissons pas si vite. Laissons-lui encore la chance de démontrer que, maîtrisée, savamment utilisée, avec bienveillance et inventivité, elle peut accomplir de grandes choses. Qu'elle peut nous mener bien au-delà encore de ce qu'on aurait imaginé. La révolution silencieuse qui d'ores et déjà est en marche dans le domaine du financement climatique, est la preuve vivante qu'un changement de cap est possible, que l'humanité a le pouvoir de peser sur la finance et sur la mondialisation, que celle-ci n'est pas qu'une force aveugle à laquelle on ne peut résister. Que cette force, dominée, est une ressource inépuisable et renouvelable d'énergie, loin de ces images de déflagration et de réactions en chaîne que nous avons à l'esprit. Poursuivons ce chemin, ne nous défilons pas. Ne baissons pas les bras de Shiva !

Ce livre est un cri du cœur, un appel au sursaut.

Nous ne pouvons pas renoncer à agir par faiblesse, par déni. Pire encore, par ce fatalisme qui pense que « le privilège des grands, c'est de regarder les catastrophes depuis une terrasse[264] ». Qu'ils officient au sein de l'État, des instances de régulation internationales, à la tête de fonds d'investissement ou de multinationales, nos dirigeants de tous bords ont le devoir de donner l'exemple. Mais nous aussi, tous autant que nous sommes, consommateurs, épargnants, citoyens, entrepreneurs, adhérents d'associations, etc., avons le pouvoir de les y pousser. Tous, nous détenons une pièce du puzzle ; qu'attendons-nous pour enfin l'assembler ?

Nous pouvons faire de la solidarité subie – cette « réalité solide de la condition humaine », cette « mutuelle dépendance d'hommes obligés à coopérer les uns avec les autres pour le salut de tous »[265] – une solidarité assumée, souhaitée, revendiquée. Soyons un peu courageux – ne

264. Jean Giraudoux, *La guerre de Troie n'aura pas lieu*, 1935.
265. *Eau, op. cit.*, p. 115.

nous mentons pas, il nous faudra aller régulièrement aux AG –, choisissons la vie mondiale en copropriété ! Dans cet effort à consentir – car ce sera un effort –, la finance est notre meilleure alliée. Elle est sans doute un mauvais maître, mais quel bon serviteur ! Un excrément du diable ? Mais quel merveilleux engrais ! – Monnaie honnie ? *Money honey !*

REMERCIEMENTS

Je ne voudrais pas refermer ce livre sans remercier ceux qui m'ont accompagné dans ce voyage en finance depuis près de trente ans.

Je pense à mes différents « patrons », et au premier d'entre eux Philippe Sala, qui m'ont fait confiance, ainsi qu'à toutes les équipes avec qui j'ai pu travailler chez BFI, au ministère des Finances, chez Lazard, à l'Élysée, au Crédit agricole, à la Société générale et à la Banque mondiale. Je pense également aux Semaines sociales de France : merci à Jean Boissonnat et Michel Camdessus.

Merci à Gordon Brown, un des grands architectes du sauvetage de 2008-2009 et un des penseurs de l'après-crise, d'avoir accepté d'introduire ces pages.

Merci à mes collègues des groupes « Eau », « Nouvelles Contributions financières internationales » et « Le Sursaut », qui m'ont confirmé la valeur de la bonne foi, de la bonne volonté et de l'esprit de délibération pour aborder les problèmes complexes et trouver les voies d'un accord.

Merci à tous ceux, engagés dans des ONG, dirigeants d'organisations internationales et d'institutions de développement, banquiers centraux, chefs d'entreprises, artistes, responsables religieux ou politiques, ainsi qu'à tous ces hommes et femmes engagés dans le combat pour le bien commun, qui ont contribué à structurer ma réflexion ces dernières années. J'en ai cité un certain nombre au fil des pages précédentes. Merci de cette sagesse partagée.

Merci à tous ceux qui m'ont accueilli dans leur pays, me donnant à comprendre toute la complexité de ce que l'on appelle le développement, l'immensité des besoins et l'infini des possibles. À ces architectes au quotidien d'un monde meilleur : bravo !

Merci au Professeur Klaus Schwab et aux équipes du World Economic Forum, qui m'ont confié les présidences du Conseil « Développement durable » et du « Sustainable Development Infrastructure Partnership ». Ces lieux d'échange ont considérablement informé les pages qui précèdent.

Merci à Adam Posen et Olivier Blanchard qui m'ont accueilli ces derniers mois au Peterson Institute for International Economics et poussé à mettre mes réflexions par écrit. Sans eux, ce livre ne serait pas. Le climat d'ouverture et de curiosité bienveillante trouvé à leurs côtés a été, à un moment de discernement, une chance sans équivalent.

Merci à tous ceux qui, en France, aux États-Unis et ailleurs, investissent dans BlueOrange Capital avec l'idée que oui, la finance peut transformer le monde pour le meilleur et pas seulement dans les livres.

J'ai aussi une pensée particulière pour Jean Guyot et Michel Albert, avec qui j'ai discuté tant et plus des questions soulevées par ce livre. Ils sont toujours présents à mes côtés.

Je voudrais enfin exprimer ma reconnaissance à Emmanuel et Pierre, mes deux oncles trop tôt disparus, qui m'ont initié aux mystères de la finance et ont guidé mes premiers pas.

TABLE

Direction artistique : Atelier Prudence Dudan

Cet ouvrage a été composé par IGS-CP
à L'Isle-d'Espagnac (16)

Impression réalisée en France par Corlet Imprimeur

Dépôt légal : octobre 2016
ISBN : 978-2-37509-004-6
N° d'imprimeur : 184404